ERICH KÄSTNER, 1899 in Dresden geboren, ist bis heute einer der meistgelesenen und beliebtesten deutschen Autoren. Nach der Machtübernahme der Nationalsozialisten wurden seine Bücher verbrannt, sein Werk erschien nunmehr in der Schweiz im Atrium Verlag. Für seine Bücher wurde er mit zahlreichen Preisen ausgezeichnet, darunter der Hans-Christian-Andersen-Preis und der Georg-Büchner-Preis. Erich Kästner starb 1974 in München.

Erich Kästner
erzählt

TILL EULENSPIEGEL, DER GESTIEFELTE KATER UND MÜNCHHAUSEN

Mit Illustrationen von Walter Trier

Atrium Verlag · Zürich

INHALT

TILL EULENSPIEGEL

DER GESTIEFELTE KATER

MÜNCHHAUSEN

TILL EULENSPIEGEL

HERRSCHAFTEN!

Auch die von euch, die noch in keinem Zirkus waren, werden hoffentlich wissen, was ein Clown ist. Erinnert ihr euch? Clowns, das sind Spaßmacher, die so bunt und ulkig herausgeputzt sind, als ob das ganze Jahr über Maskenball wäre. Sie rennen im Zirkus immer hinter den dressierten Pferden her, wollen aufspringen, fallen in den Sand und überkugeln sich. Sie versuchen Zauberkunststücke, die natürlich nicht gelingen. Und weil die Clowns alles verkehrt machen, lachen sich die Zuschauer schief.

Und nun stellt euch einmal vor: Ein solcher Clown ginge eines schönen Tages aus dem Zirkus fort! Ohne einen Pfennig Geld und ohne dem Zirkusdirektor etwas davon zu sagen! In seinem scheckigen, völlig verrückten Anzug! Ohne etwas Richtiges gelernt zu haben; ohne Koffer und Spazierstock; ohne Eltern und reiche Verwandte!

Er ginge ganz einfach aus dem Ort hinaus und wanderte die Landstraßen entlang und quer durch die rauschenden Wälder, bis er in eine kleine Stadt käme. Und dort stünde ein dicker Bäckermeister vor der Ladentür. Der sähe den Clown des Wegs kommen und würde sagen: »Nanu, was bist du denn für eine komische Figur?«

»Ich?«, würde der Clown antworten. »Ich bin ein wandernder Bäckergeselle. Haben Sie vielleicht zufällig eine Stelle frei?« Toll, was? Und nun stellt euch gar noch vor, der Bäckermeister engagierte den wandernden Clown tatsächlich als Bäckergesellen! Einen Kerl, der noch nie im Leben Teig gerührt oder Semmeln, geschweige Apfeltorte gebacken hat! Könnt ihr euch denken, was er anstellen würde?

Unfug würde er anstellen. Nichts als lauter Unfug.

Und wenn er genug Unfug angestellt hätte?

Dann würde ihn wahrscheinlich der brave, dicke Bäckermeister hinausfeuern. Und dann müsste er weiterwandern. Bis er in einem anderen Ort vielleicht von einem Schuhmachermeister folgendermaßen angesprochen würde: »Was bist du denn für einer, hm?«

»Ich?«, würde der Clown antworten. »Ich bin ein wandernder Schustergeselle.«

Und der Schuhmachermeister würde sagen: »Das ist ja großartig! Mein Geselle liegt im Krankenhaus. Komm herein! Bis morgen müssen zwanzig Paar Stiefel besohlt werden.«

Oje!

Könnt ihr mir glauben, dass es so einen merkwürdigen Menschen gegeben hat? Nein?

Es hat ihn gegeben! Mein Ehrenwort!

Es ist freilich schon lange her. Im Mittelalter, vor sechshundert Jahren, gab es einen Zirkusclown, der durch Deutschland zog und, wohin er auch kam, Unfug anstellte, bis es seinen Landsleuten schwarz vor den Augen wurde. Dieser Clown hieß Till Eulenspiegel. Und das Einzige, was er außer seinen Possen konnte, war das Seiltanzen. Doch er hatte keine Lust, im Zirkus und auf den Jahrmärkten aufzutreten. Er wollte nicht, dass die anderen über ihn lachten. Sondern er wollte über die anderen lachen.

Darum zog er in Deutschland von Ort zu Ort. Und überall, wohin er kam, ergriff er eiligst irgendeinen Beruf, von dem er nichts verstand. Er war nacheinander Bäcker, Schuster und Schneider, Turmbläser, Wahrsager und Arzt, Schmied, Koch und Pastor, Tischler, Fleischer, Heizer und Universitätsprofessor. Es gab kaum einen Beruf, den er nicht gelegentlich ausübte, und keinen Beruf, den er verstand. So war Till Eulenspiegel nicht nur einer der größten Clowns aller Zeiten, sondern bestimmt der eigenartigste. Weil er eben nicht im Zirkus auftrat, sondern mitten im wirklichen Leben! Manche, die er auf diese Weise hineingelegt hatte, lachten hinterher und nahmen ihm seine Streiche nicht weiter übel. Das waren die Gescheitesten. Die meisten wurden aber schrecklich böse auf ihn und ruhten nicht eher, als bis sie sich gerächt hatten. Das war sehr dumm von ihnen. Denn Eulenspiegel hatte ein gutes Gedächtnis. Nach Jahr und Tag tauchte er plötzlich wieder auf und verulkte sie, dass ihnen Hören und Sehen verging. Immer lachte er als Letzter.

Die Zahl der Geschichten, die man sich vom Till Eulenspiegel erzählt und die in alten Büchern berichtet werden, ist sehr groß. Und wenn ich sie euch alle miteinander berichten wollte, würde das Bilderbuch so viel wiegen, dass ihr's nicht heben noch tragen könntet. Drum will ich nur zwölf seiner seltsamen Abenteuer erzählen und, wie sich das gehört, mit dem ersten anfangen.

Dieses erste Abenteuer Eulenspiegels war seine Taufe.

WIE EULENSPIEGEL DREIMAL GETAUFT WURDE

Es ist traurig, aber wahr. Der arme Junge wurde dreimal getauft! Wer weiß, vielleicht trug das daran Schuld, dass er später so ein komischer Vogel wurde. Möglich ist alles. Na ja. Geboren wurde der kleine Eulenspiegel jedenfalls nur einmal. Und zwar zwischen Lüneburg und Braunschweig, in dem Dorf Kneitlingen. Und weil Kneitlingen so klein war, dass es keine Kirche hatte, musste der Junge in Ambleben getauft werden. Ambleben hatte eine Kirche, und der Pastor hieß Arnolf Pfaffenmeyer.

Pastor Pfaffenmeyer machte seine Sache sehr schön. Eulenspiegels Mutter war zwar im Bett geblieben, weil sie krank war. Aber die anderen Frauen, die mit nach Ambleben in die Kirche gekommen waren, fanden die Feierlichkeit großartig, obwohl der kleine Till ziemlich brüllte. Das war seine erste Taufe.

Hinterher gingen alle ins Wirtshaus. Erstens, weil Eulenspiegels Vater sie eingeladen hatte, und zweitens, weil sie Durst hatten. So etwas kann vorkommen.

Es gab Freibier. Es wurden Reden gehalten. Und die Hebamme, die das Steckkissen mitsamt dem Baby von Kneitlingen nach Ambleben getragen und hier übers Taufbecken gehalten hatte, hatte den größten Durst und trank am meisten.

Als sie nun am späten Nachmittag aufbrachen, um nach Kneitlingen heimzuwandern, hatte die ganze Gesellschaft einen sanften Schwips. Die Hebamme natürlich auch. Und als sie über einen schmalen Brückensteg wegmussten, der keine Geländer hatte, bekam die Hebamme einen Schwindelanfall und purzelte, hast du nicht gesehen, von dem Steg in den Bach hinunter. Mitsamt dem Steckkissen und dem kleinen Till. Das war seine zweite Taufe. Passiert war den beiden weiter nichts. Sie sahen nur maßlos dreckig aus. Denn der Bach war, so mitten im Sommer, ziemlich ausgetrocknet und voller

Schlamm. Die Hebamme heulte. Eulenspiegels Vater schimpfte. Und der kleine Till schrie wie am Spieß. Kinder, sah der Junge schmutzig aus! Er wäre fast erstickt.

Als sie in Kneitlingen ankamen, wurde Till sofort in die Badewanne gesteckt und so lange mit Wasser begossen, bis er wieder manierlich aussah. Und das war nun sozusagen seine dritte Taufe.

Als Pastor Pfaffenmeyer am nächsten Tag von der Sache erfuhr, schüttelte er sein graues Haupt und sagte: »Wenn das nur gut geht mit dem Jungen! Dreimal getauft werden, das hält kein Kind aus. Was zu viel ist, ist zu viel.«

Und damit sollte der Pastor Pfaffenmeyer ja nun wirklich recht behalten.

WIE EULENSPIEGEL AUF DEM SEIL TANZTE

Till war schon als Kind ein rechter Lausejunge. Er ärgerte die Kneitlinger, wo er konnte. Sie beschwerten sich jedes Mal bei den Eltern, aber meist war dem Bengel nichts nachzuweisen. Und der Vater zog ihm zwar dann die Hosen straff, weil er dachte: Die Kneitlinger werden schon recht haben, und es kann nichts schaden.

Doch warum er den Jungen versohlte, wusste er eigentlich nie.

Na, das ärgerte dann den kleinen Till, und dann ärgerte er die Kneitlinger wieder, und dann ärgerten sich die Kneitlinger noch mehr, und zum Schluss bekam Till wieder Hiebe.

Das wurde dem Vater mit der Zeit zu anstrengend. Er begann zu kränkeln und starb.

Nun zog die Mutter mit dem Jungen aus Kneitlingen fort und in ihr Heimatdorf an der Saale. Till war mittlerweile sechzehn Jahre alt geworden und sollte einen Beruf ergreifen. Aber er dachte nicht im Traum daran. Stattdessen lernte er auf dem Wäscheseil, das auf dem Boden gezogen war, Seiltanzen. Wenn ihn die Mutter dabei erwischte, kletterte er schleunigst aus dem Bodenfenster und setzte sich aufs Dach. Dort wartete er dann, bis sie wieder gut war. Das Bodenfenster ging auf den Fluss hinaus. Und als Till das Seiltanzen einigermaßen konnte, spannte er das Seil vom Boden aus über die Saale hinweg zu dem Bodenfenster eines Hauses, das am anderen Ufer stand.

Die Kinder, die das beobachtet hatten, und die Nachbarn, die aus den Fenstern guckten, sperrten Mund und Nase auf, als Till das Seil betrat und langsam darauf balancierte, ohne herunterzufallen.

An beiden Ufern versammelten sich die Leute und blickten in die Luft. Sie waren fast so gespannt wie das Seil. Schließlich wurde auch Eulenspiegels Mutter aufmerksam. Sie kletterte, so schnell es ging, zum Boden hinauf, schaute aus dem Fenster und schlug die Hände über dem Kopf zusammen. Ihr Herr Sohn stand, mitten über dem Fluss, auf ihrer Wäscheleine und machte Kunststückchen!

Kurz entschlossen nahm sie das Kartoffelschälmesser aus der Schürzentasche und schnitt – ritsch! – die Leine durch. Und Till, der nichts gemerkt hatte, fiel sozusagen aus allen Wolken. Er fiel aus den Wolken kerzengerade in den Fluss und musste, statt auf dem Seil zu tanzen, in der Saale baden.

Die Kinder und die Nachbarn und überhaupt alle, die das mit angesehen hatten, lachten sich halb tot und ärgerten Till durch schadenfrohe Zurufe.

Er krabbelte ans Ufer und tat, als hätte er nichts gehört. Doch im Stillen nahm er sich vor, ihnen ihre Schadenfreude heimzuzahlen. Wenn möglich mit Zinsen.

Schon am nächsten Tag spannte er also sein Seil von Neuem. Diesmal machte er es aber nicht am Bodenfenster seiner Mutter fest. Denn er wollte nicht schon wieder in der Saale baden. Weil, wie es heißt, von dem zu häufigen Baden die Haut dünn wird.

Nein, er spannte das Seil zwischen zwei anderen Häusern aus, hoch in der Luft, aber so, dass Frau Eulenspiegel es nicht sehen konnte. Natürlich kamen die Kinder wieder angerannt, und Bauern und Bäuerinnen kamen auch. Sie lachten und machten Witze über Till und fragten, ob er wieder vom Seil fallen wolle. Einige riefen, er müsse unbedingt herunterfallen, sonst mache ihnen die ganze Sache keinen Spaß. Eulenspiegel aber sagte: »Heute zeige ich euch etwas noch viel Schöneres. Ihr müsst nur eure linken Schuhe ausziehen und sie mir aufs Seil geben. Sonst kann ich das Kunststück leider nicht machen.«

Erst wollten sie nicht recht. Doch dann zog einer nach dem anderen seinen linken Stiefel aus und schließlich hatte Till hundertundzwanzig linke Schuhe vor sich liegen! Er knüpfte sie mit den Schnürsenkeln zusammen und kletterte, mit dem Stiefelberg beladen, aufs Seil hinauf.

Unter ihm standen hundertundzwanzig Zuschauer und jeder von ihnen hatte nur noch einen Schuh an.

Eulenspiegel ging nun, vorsichtig balancierend, mit dem riesigen Schuhbündel Schritt für Schritt auf dem Seil vorwärts. Als er in der Mitte des Seils angekommen war, knüpfte er die Senkel auf und rief: »Aufgepasst!« Und dann warf er die hundertzwanzig Schuhe auf die Straße hinunter. »Da habt ihr eure

Pantinen wieder!«, rief er lachend. »Passt aber gut auf, dass ihr sie nicht vertauscht!«

Da lagen nun hundertzwanzig Schuhe auf der Straße, und drum herum standen hundertzwanzig Leute, von denen jeder einen Schuh zu wenig anhatte! Und dann stürzten sie wie die Verrückten über die Schuhe her. Jeder suchte den, der ihm gehörte. Und bald war die schönste Prügelei im Gange. Man schlug sich und riss sich an den Haaren und wälzte sich brüllend auf der Straße herum.

Es dauerte eine Stunde und dreiundvierzig Minuten, bis jeder seinen linken Schuh wiederhatte. Aber wie die armen Leute aussahen! Sie hatten Beulen am Kopf und Löcher in den Hosen. Sieben Zähne lagen auf der Straße. Und neunzehn Bauern und elf Kinder konnten kaum nach Hause gehen, so humpelten sie.

Alle aber schworen sie, Till kurz und klein zu prügeln, wenn sie ihn erwischten.

Trier

Nur, das mit dem Erwischen war schwierig. Denn Till ging ein Vierteljahr lang nicht vor die Tür. Er saß die ganze Zeit bei seiner Mutter im Haus. Und sie freute sich und sagte: »Das ist recht, mein Sohn. Endlich bist du vernünftig geworden.«

Die Ärmste!

WIE EULENSPIEGEL IN EINEM BIENENKORB SCHLIEF

Einmal war Till mit seiner Mutter in einem Nachbardorf zur Kirchweih. Dort trank der Lümmel so viel Bier, dass er schon am hellen Mittag total betrunken war. Außerdem war er auch müde und suchte sich ein schattiges Plätzchen zum Schlafen.

Dabei geriet er in einen stillen Garten, in dem viele Bienenstöcke standen. Es waren auch leere Stöcke darunter, und in einen der leeren Bienenstöcke legte er sich und schlief ein. Er schlief von Mittag bis gegen Mitternacht. Und Frau Eulenspiegel, die ihren Herrn Sohn überall auf dem Kirchweihrummel gesucht hatte, dachte, er sei schon längst nach Hause gegangen.

Stattdessen lag er, wie gesagt, in dem leeren Bienenkorb und schlief seinen Schwips aus.

Gegen Mitternacht kamen zwei Diebe in den stillen, abgelegenen Garten und wollten einen Bienenkorb stehlen, um dann den Honig zu verkaufen.

»Wir werden den schwersten Korb nehmen«, sagte der eine Dieb. »Je schwerer der Korb ist, umso mehr Honig hat er.«

»In Ordnung«, sagte der andere. Und dann hoben sie die

Körbe der Reihe nach hoch. Der schwerste war natürlich der, in dem Eulenspiegel lag. Und deshalb nahmen sie den, luden ihn sich auf die Schultern, schleppten ihn aus dem Garten auf die Straße hinaus und wanderten stöhnend und schwitzend ihrem Dorf zu.

Eulenspiegel war natürlich aufgewacht und ärgerte sich, dass ihn die beiden Kerle geweckt hatten und nun auch noch nachts in ein Dorf schleppten, in dem er gar nicht wohnte.

Als sie ihn so eine Weile getragen hatten, griff er vorsichtig aus dem Bienenkorb heraus und zog den Vorderen furchtbar an den Haaren.

»Aua!«, schrie der Dieb. »Bist du denn ganz verrückt geworden?« Er dachte selbstverständlich, der andere Dieb sei es gewesen, und schimpfte schauderhaft.

Trier

Der andere wusste nicht, was los war, und sagte: »Du bist wohl übergeschnappt? Ich schleppe an dem Bienenkorb wie ein Möbelträger, und du bildest dir ein, ich hätte Zeit und Lust, dich an den Haaren zu ziehen! Zu dumm!«

Eulenspiegel amüsierte sich königlich, und nach einer Weile rupfte er den Hintermann am Haar, und zwar derartig, dass ihm ein Büschel Haare in der Hand blieb.

»Nun wird mir's aber zu bunt!«, brüllte der Dieb. »Erst träumst du, ich hätte dich an den Haaren gezogen. Und nun reißt du mir fast die Kopfhaut runter! So eine Frechheit!«

»Blödsinn!«, knurrte der andere. »Es ist so dunkel, dass ich die Straße kaum sehen kann, und ich halte den Korb mit beiden Händen fest, und da soll ich noch hinter mich greifen und dir Haare herausziehen können? Bei dir piept's ja!« Sie stritten, fluchten und ächzten, dass Till Eulenspiegel beinahe laut gelacht hätte. Aber das ging natürlich nicht. Stattdessen riss er, fünf Minuten später, den Vordermann derartig am Haar, dass der mit dem Schädel an den Bienenkorb krachte, den Korb fallen ließ, sich umdrehte und dem Hintermann wütend mit beiden Fäusten ins Gesicht schlug. Nun ließ auch dieser Dieb den Korb fallen und warf sich mit aller Wucht auf den Vorderen. Im nächsten Augenblick lagen beide am Boden und rangen und schlugen und kratzten sich, bis sie schließlich so übereinander wegpurzelten, dass sie, so wütend waren sie, sich im Dunkeln überhaupt nicht wiederfanden. Eulenspiegel aber blieb gemütlich in seinem Korb liegen und schlief weiter, bis ihn am Morgen die Sonne weckte.

Dann stand er auf und ging seiner Wege. Er kehrte übrigens nicht zu seiner Mutter zurück, sondern verdingte sich bei einem Raubritter als Reitknecht. Obwohl er gar nicht reiten konnte! So ist es kein Wunder, dass ihn der Ritter sehr bald aus seiner Burg hinauswarf.

WIE EULENSPIEGEL DIE KRANKEN HEILTE

Es stimmt schon. Wer als Kind ein rechtes Radieschen war, wird als Erwachsener immer schlimmer. Noch dazu, wenn der Vater zu früh wegstirbt. So war es auch mit Till Eulenspiegel. Er trieb es von Jahr zu Jahr toller.

Er wechselte die Berufe öfter als das Hemd. Und da er nirgends lange bleiben konnte, weil man ihn sonst verkehrt aufgehängt oder wenigstens halb totgeschlagen hätte, kannte er, kaum dass er zwanzig Jahre alt war, Deutschland wie seine Westentasche.

So kam er auch nach Nürnberg. Und hier trieb er's ganz besonders bunt. Er klebte an die Kirchentüren und ans Rathausportal Plakate, auf denen er sich als Wunderdoktor ausgab.

Es dauerte auch gar nicht lange, da kam der Verwalter vom Krankenhaus zum Heiligen Geist anspaziert und sagte: »Sehr geehrter Herr Doktor! In unserem Spital liegen so viele Kranke, dass ich mir nicht mehr zu helfen weiß. Alle Betten sind belegt, und das Geld reicht vorn und hinten nicht. Können Sie mir keinen Rat geben?«

Eulenspiegel kratzte sich hinterm Ohr und antwortete: »Doch, doch, lieber Mann. Aber guter Rat ist teuer.«

»Wie viel?«, fragte der Verwalter.

Und Eulenspiegel sagte: »Zweihundert Gulden.«

Zunächst blieb dem guten Mann die Luft weg. Und dann erkundigte er sich, was der Herr Doktor Eulenspiegel dafür leisten wolle.

»Dafür mache ich in einem einzigen Tag alle Kranken gesund, die im Hospital liegen! Wenn mir's nicht gelingen sollte, will ich keinen Pfennig haben.«

»Ausgezeichnet!«, rief der Mann, nahm Eulenspiegel auf der Stelle mit ins Krankenhaus und sagte den Kranken, der neue Doktor wolle sie alle heilen. Sie müssten sich nur genau nach seinen Vorschriften richten.

Dann ging er ins Verwaltungsbüro und ließ Till mit den Kranken allein. Eulenspiegel ging langsam von Bett zu Bett und unterhielt sich mit den Leuten. Er sprach sehr leise und geheimnisvoll mit jedem von ihnen. Und einem jeden sagte er das Gleiche.

»Ich will euch allen helfen«, sagte er, »dir, mein Freund, und den anderen auch. Und ich weiß ein fabelhaftes Rezept dafür. Ich muss einen von euch zu Pulver verbrennen. Dieses Pulver müsst ihr dann einnehmen. Ich habe mir auch schon überlegt, wen von euch ich zu Pulver verbrennen werde: den Kränksten im Saal. Das wird das Beste sein, meinst du nicht auch? Na also.«

Dann beugte er sich noch tiefer und fuhr noch leiser fort: »In einer halben Stunde hole ich den Verwalter herauf. Der wird die Gesunden unter euch fortschicken. Es wird also gut sein,

wenn du dich ein bisschen beeilst, mein Lieber. Denn den Letzten verbrenne ich leider zu Pulver. Die Sache will's!« So ging er zu jedem und erzählte jedem das Gleiche.

Dann holte er endlich den Verwalter nach oben. Und der Verwalter rief mit lauter Stimme: »Wer sich gesund fühlt, ist entlassen!«

In drei Minuten war der Saal leer! Alle rannten oder humpelten, so schnell sie nur irgend konnten, aus dem Krankenhaus hinaus. Solche Angst hatten sie! Es waren welche dabei, die seit zehn Jahren hier gelegen hatten. Der Hospitalverwalter war sprachlos. Er raste ins Büro und brachte Eulenspiegel zweihundertzwanzig (220) Gulden. Die streckte er ihm hin und sagte: »Zwanzig Gulden gebe ich Ihnen extra. Sie sind der beste Arzt der Welt.«

»Stimmt«, sagte Eulenspiegel. Damit meinte er den Geldbetrag. Er steckte ihn in die Tasche, empfahl sich und machte, dass er Nürnberg in den Rücken bekam.

Schon am nächsten Tag kehrten alle Kranken ins Hospital zum Heiligen Geist zurück und legten sich wieder in ihre Betten.

Der Verwalter war außer sich. »Um alles in der Welt«, rief er, »ich denke, er hat euch gesund gemacht?«

Da erzählten sie ihm, warum sie gestern davongelaufen waren und dass sich keiner habe zu Pulver verbrennen lassen wollen.

»Ich bin ein Esel«, sagte der Verwalter. »Der Lump hat mich betrogen, und ich habe ihm sogar noch zwanzig Gulden mehr gegeben, als er verlangt hat!«

WIE EULENSPIEGEL EULEN UND MEERKATZEN BUK

Einmal kam Eulenspiegel auch nach Braunschweig und suchte die Herberge ›Zur Heimat‹, weil er dort übernachten wollte. Er fragte einen Bäcker, der vor seinem Laden stand, nach dem Weg. Der Bäcker beschrieb ihm genau, wie er gehen müsse, und fragte noch: »Was bist du denn eigentlich?«

»Ich?«, sagte Till. »Ich bin ein wandernder Bäckergeselle.« Da freute sich der Bäcker, denn er brauchte gerade einen Gesellen. Und Eulenspiegel blieb für Lohn, Beköstigung und freies Logis in der Bäckerei.

Weil nun der Meister selber mitunter in der Backstube arbeitete, fiel es ihm am ersten und zweiten Tag überhaupt nicht auf, dass Till vom Backen nicht mehr verstand als ein Ochse vom Klavierspielen.

Doch am dritten Tag wollte sich der Meister früh am Abend schlafen legen. Vielleicht wollte er auch in den Gasthof »Zum Schwarzen Eber« gehen und kegeln. Jedenfalls sagte er zu Till: »Heute Nacht musst du allein backen. Ich komme erst morgen früh wieder herunter.«

»Ist recht«, meinte Till. »Aber was soll ich denn backen?«

»Da hört sich ja Verschiedenes auf!«, rief der Meister. »Du bist ein Bäckergeselle und fragst mich, was du backen sollst! Meinetwegen Eulen und Meerkatzen!« Er hätte ebenso gut sagen können: »Veilchen und junge Hunde«; und er sagte »Eulen und Meerkatzen« natürlich nur, weil er sich über die dumme Frage seines Gesellen geärgert hatte. Aber als er fort war, rührte Eulenspiegel den Teig an und buk von zehn Uhr abends bis drei Uhr früh tatsächlich lauter Eulen und Meerkatzen.

Als der Meister am Morgen hereintrat, dachte er, er käme in den Zoo. Überall lagen und standen knusprig gebackene Tiere. Und er sah sich vergeblich nach Broten, Brötchen und Semmeln um.

Da schlug er vor Wut mit der Faust auf den Tisch und rief: »Was hast du denn da gebacken?«

»Das sehen Sie doch«, sagte Till. »Eulen und Meerkatzen. Wie Sie's verlangt haben. Sind die Biester nicht ähnlich genug? Ich hab mir furchtbar viel Mühe gegeben.«

Eulenspiegels Frechheit brachte den braven Mann vollends auf den Baum. Er packte ihn am Kragen, schüttelte ihn hin und her und brüllte: »Aus dem Haus! Aber sofort, du Haderlump!«

»Erst müssen Sie mich loslassen«, sagte Till. »Sonst kann ich nicht weg.« Der Meister ließ ihn los, und Till wollte schleunigst auf und davon. Doch da hielt ihn der Bäcker noch einmal fest. »Erst zahlst du mir den Teig, den du verhunzt hast!«

»Nur, wenn ich die lieben Tierchen mitnehmen darf«, erwi-

Trier

derte Eulenspiegel. »Wenn ich den Teig, aus dem sie gebacken sind, bezahle, gehören sie mir.«

Der Bäcker war einverstanden und nahm das Geld. Till aber verfrachtete seine Eulen und Meerkatzen in einen Tragkorb und zog damit ab.

Am Nachmittag war auf dem Platz vor der Kirche großes Gedränge. Till Eulenspiegel stand mitten unter den Leuten und verkaufte seine Eulen und Meerkatzen Stück für Stück und verdiente großartig daran.

Das sprach sich im Nu herum. Und als der Bäckermeister davon hörte, schloss er seinen Laden ab und rannte im Dauerlauf zur Sankt-Niklas-Kirche hin. »Der Kerl muss mir das Holz

bezahlen, das er für das alberne Viehzeug verfeuert hat!«, rief er, während er durch die Gassen stürmte. »Und eine Benutzungsgebühr für den Backofen! Und einsperren lasse ich ihn außerdem!«

Doch als er auf dem Platz ankam, war Till Eulenspiegel schon über alle Berge. Er hatte seine Eulen und Meerkatzen restlos ausverkauft, und sogar den Korb, der dem Bäcker gehörte, hatte er für einen Taler verkauft.

Und die Braunschweiger lachten noch jahrelang über den armen Bäckermeister.

WIE EULENSPIEGEL TURMBLÄSER WAR

Einmal trat Till beim Grafen von Anhalt in Dienst. Der Graf hatte damals viele seiner Ritter und deren Knechte im Bernburger Schloss versammelt, um die Bauern, die vor den Stadtmauern ihre Felder und Wiesen hatten, gegen die Überfälle der Raubritter zu verteidigen. Das war nötig geworden. Denn die Raubritter brandschatzten die Dörfer und trieben den Bauern das Vieh fort.

Eulenspiegel wurde auf dem höchsten Turm des Schlosses einquartiert und musste von dort aus Tag für Tag über das Land schauen. Sobald die Feinde kämen, sollte er auf einer Trompete Alarm blasen.

In den Schlosshof konnte er übrigens auch hinunterblicken. Da sah er dann immer die Ritter und Knechte an langen Tischen sitzen und ununterbrochen essen und trinken.

Und vor lauter Essen und Trinken vergaßen der Graf und die anderen, ihrem Turmbläser Essen hinaufzuschicken. Und obwohl er rief, so laut er konnte, hörten sie ihn nicht. Weil der Turm zu hoch war. Vom Turm herunterklettern durfte er auch nicht, da er ja dauernd ins Land schauen musste. Eines schönen

Nachmittags sah er die Raubritter zu Pferde dahersprengen. Sie trieben die Viehherden vor der Stadt zusammen, steckten ein paar Scheunen in Brand und benahmen sich überhaupt sehr unfein. Eulenspiegel lag im Fenster und schaute ihnen gemütlich zu. Doch die Trompete ließ er ruhig an der Wand hängen. Endlich kam einer der Bauern ins Schloss gerannt und erzählte dem Grafen von dem Überfall. Die Ritter holten hastig ihre Pferde aus dem Stall und jagten wie der Wind aus dem Stadttor. Doch die Feinde waren samt dem gestohlenen Vieh schon über alle Berge.

Als der Graf ins Schloss zurückkam, war er sehr wütend. Er kletterte in voller Rüstung auf den Turm hinauf und sagte: »Warum, zum Donnerwetter, hast du nicht geblasen, als du die Feinde kommen sahst?«

»Und warum«, fragte Eulenspiegel, »habt Ihr mir nichts zu essen heraufgeschickt? Bevor man nicht gegessen hat, kann man nicht Trompete blasen.«

Ein andres Mal hatte der Graf einen Ausfall aus der Stadt gemacht und den Feinden ihr Vieh fortgetrieben. Das Vieh war ins Schloss gebracht und dutzendweise am Spieß gebraten worden.

Und nun saßen wieder alle im Schlosshof drunten und aßen wie die Scheunendrescher. Till roch den Braten oben im Turm. Aber man vergaß den Wächter wieder einmal. Da nahm er kurz entschlossen die Trompete von der Wand, steckte sie durchs Fenster und blies Alarm.

Der Graf und die Ritter ließen das Essen stehen und liegen, zogen ihre Panzer an und galoppierten zur Stadt hinaus. Kaum waren sie fort, rannte Till vom Turm, belud sich mit Kalbs- und Schweinebraten und anderen Esswaren, kletterte wieder auf den Turm und aß, bis ihm die Hose nicht mehr passte.

Als der Graf zurückkehrte, war er wieder sehr wütend. Er stieg auf den Turm hinauf und sagte: »Bei dir ist wohl eine Schraube locker? Was fällt dir denn ein, Alarm zu blasen, wenn keine Feinde zu sehen sind? He?«

»Das macht der Hunger«, erwiderte Till. »Da fantasiert man wie im Fieber.«

»Unsinn«, sagte der Graf. »Wer Alarm bläst, wenn keine Feinde zu sehen sind, und nicht bläst, wenn sie kommen, ist kein Trompeter für mich.« Er bestellte einen andern Mann zum Turmbläser, und Eulenspiegel wurde Fußknecht, also Infanterist.

Das war ihm gar nicht recht. Denn als die Feinde wieder vor der Stadt erschienen, musste er mit zum Tor hinaus und kämpfen. Er ließ sich sehr viel Zeit und lief als Letzter hinterdrein. Und als die Feinde in die Flucht geschlagen worden waren, rannte er als Erster ins Schloss zurück. Das machte er beim nächsten und übernächsten Überfall ganz genauso, bis es allen, auch dem Grafen, auffiel. Und der Graf fragte, was das heißen solle. »Die Sache ist die«, sagte Till. »Da ich als Turmbläser so wenig zu essen bekam, bin ich körperlich nicht auf der Höhe. Wenn ich wirklich die Energie aufbrächte, der Erste vorm Feind zu sein, müsste ich irrsinnig schnell zurückrennen, um als Erster wieder im Schloss zu sein und rasch zu essen. Diese Rennerei würde meine Gesundheit nicht aushalten.«

»Scher dich zum Teufel!«, rief der Graf aufgebracht. »Oder soll ich dich hängen lassen?«

»Nein«, sagte Till. »Auch das würde meine Gesundheit nicht aushalten!« Und er schnürte sein Bündel und verließ Schloss und Stadt Bernburg, so schnell er konnte.

WIE EULENSPIEGEL ERDE KAUFTE

Der Graf von Anhalt war nicht der einzige deutsche Fürst, der Eulenspiegel mit dem Galgen bedrohte.

Genau dasselbe tat, wenig später, der Herzog von Lüneburg. Till hatte nämlich auch im Herzogtum Lüneburg irgendwelche Dummheiten ausgefressen. Und der Herzog hatte ihm daraufhin gesagt: »Mach, dass du über die Grenze kommst! Wenn du dich wieder vor mir blicken lässt, wirst du gehängt!«

Eulenspiegel war damals wie der Blitz aus Lüneburg verschwunden. Später aber musste er auf seinen Fahrten doch wieder durch das Gebiet des Herzogs, falls er keinen zu großen Umweg machen wollte. Er kaufte sich deshalb ein Pferd und einen Karren; und in der Nähe von Celle hielt er an einem Acker still, den ein Bauer pflügte, und kaufte dem Bauern für einen Schilling so viel Ackererde ab, dass der Karren bis oben hin voll davon wurde. Dann setzte sich Till in den Karren, sodass nur der Kopf und die Arme aus der Erde hervorschauten. Und so kutschierte Eulenspiegel durch das ihm verbotene Herzogtum. Er sah fast aus wie ein fahrender Blumentopf.

Als er an der Burg Celle vorbeifuhr, begegnete er dem Herzog,

der mit seinem Gefolge zur Jagd ritt. Der Herzog hielt an und sagte: »Ich habe dir mein Land verboten. Steig aus! Jetzt wirst du gehängt!«

»Ich bin ja gar nicht in Eurem Land«, erwiderte Eulenspiegel. »Ich sitze in meinem eigenen Land. Ich hab es rechtmäßig von einem Bauern gekauft. Erst gehörte es ihm. Nun gehört es mir. Euer Land ist es nicht.«

Der Herzog sagte: »Scher dich mit deinem Land aus meinem Land, du Galgenstrick! Und wenn du noch einmal hierherkommst, hänge ich dich samt Pferd und Wagen!«

WIE EULENSPIEGEL EINEM ESEL DAS LESEN BEIBRACHTE

Eine Zeit lang beschäftigte sich Eulenspiegel damit, dass er von Universität zu Universität zog, sich überall als Gelehrter ausgab und die Professoren und Studenten neckte. Er behauptete, alles zu wissen und zu können. Und er beantwortete tatsächlich sämtliche Fragen, die sie ihm vorlegten.

Bei dieser Gelegenheit kam er schließlich nach Erfurt. Die Erfurter Studenten und ihr Rektor hörten von seiner Ankunft und zerbrachen sich den Kopf, was für eine Aufgabe sie ihm stellen könnten.

»Denn so wie denen in Prag«, sagten sie, »soll es uns nicht ergehen. Er soll nicht uns, sondern wir wollen ihn hineinlegen.«

Endlich fiel ihnen etwas Passendes ein. Sie kauften einen Esel, bugsierten das störrische Tier in den Gasthof ›Zum Turm‹, wo Eulenspiegel wohnte, und fragten ihn, ob er sich zutraue, dem Esel das Lesen beizubringen.

»Selbstverständlich«, antwortete Till. »Doch da so ein Esel ein dummes Tier ist, wird der Unterricht ziemlich lange dauern.«

»Wie lange denn?«, fragte der Rektor der Universität.

»Schätzungsweise zwanzig Jahre«, meinte Till. Und hierbei

dachte er sich: ›Zwanzig Jahre sind eine lange Zeit. Bis dahin stirbt vielleicht der Rektor. Dann geht die Sache gut aus. Oder ich sterbe selber. Oder der Esel stirbt und das wäre das Beste.‹

Der Rektor war mit den zwanzig Jahren einverstanden. Eulenspiegel verlangte fünfhundert alte Groschen für seinen Unterricht. Man gab ihm einen Vorschuss und ließ ihn mit seinem vierbeinigen Schüler allein. Till brachte das Tier in den Stall. In die Futterkrippe legte er ein großes altes Buch und zwischen die ersten Seiten des Buches legte er Hafer. Das merkte sich der Esel. Und um den Hafer zu fressen, blätterte er mit dem Maul die Blätter des Buches um. War kein Hafer mehr zu finden, rief der Esel laut: »I-a, i-a!« Das fand Eulenspiegel großartig und er übte es mit dem Esel wieder und wieder. Nach einer Woche ging Till zu dem Rektor und sagte: »Wollen Sie bei Gelegenheit einmal mich und meinen Schüler besuchen?«

»Gern«, meinte der Rektor. »Hat er denn schon einiges gelernt?«

»Ein paar Buchstaben kann er bereits«, erklärte Eulenspiegel stolz. »Und das ist ja für einen Esel und für eine Woche Unterricht allerhand.«

Schon am Nachmittag kam der Rektor mit den Professoren und Studenten in den Gasthof und Till führte sie in den Stall. Dann legte er ein Buch in die Krippe. Der Esel, der seit einem Tag kein Futter gekriegt hatte, blätterte hungrig die Seiten des Buches um. Und da Eulenspiegel diesmal überhaupt keinen Hafer ins Buch gelegt hatte, schrie das Tier unaufhörlich und so laut es konnte: »I-a, i-a, i-a!«

»I und A kann er schon, wie Sie hören«, sagte Eulenspiegel. »Morgen beginne ich damit, ihm O und U beizubringen.« Da gingen die Herren wütend fort. Der Rektor ärgerte sich so sehr, dass ihn bald darauf der Schlag traf. Und Till jagte den Esel aus dem Stall. »Scher dich zu den anderen Erfurter Eseln!«, rief er ihm nach. Dann schnürte er sein Bündel und verließ die Stadt noch am selben Tag.

WIE EULENSPIEGEL DIE SCHNEIDER AUFKLÄRTE

Als er in Rostock war, schickte er in alle Städte und Dörfer Briefe, und in diesen Briefen forderte er alle Schneider Mecklenburgs auf, an einem bestimmten Tag nach Rostock zu kommen. Dort wolle er ihnen eine Kunst beibringen, die ihnen und ihren Kindern von großem Nutzen sein werde. Und richtig, am festgesetzten Tag fanden sich in Rostock Tausende von Schneidern ein. Eulenspiegel führte sie auf eine Wiese vor der Stadt. Sie setzten sich ins Gras, aßen und tranken erst einmal, weil sie einen weiten Weg hinter sich hatten, und dann baten sie Till, seine Rede zu halten und die Kunst zu verraten, die ihnen und ihren Kindern nach seiner Meinung so nützlich sei.

»Meine Herren Schneidermeister«, sagte Eulenspiegel darauf, »ich möchte euch mit größtem Nachdruck auf Folgendes hinweisen: Wenn ihr eine Schere, eine Elle, einen Fingerhut, eine Nadel und Zwirn habt, braucht ihr nichts weiter. Und vergesst nie, in den Faden, nachdem ihr ihn eingefädelt habt, einen Knoten zu machen. Sonst gleitet der Zwirn aus der Nadel und ihr macht die Stiche umsonst! Hat jemand noch eine Frage?«

Die mecklenburgischen Schneider sahen einander baff an

und machten lange Gesichter. Endlich rief einer von ihnen: »Da hört sich ja alles auf! Deswegen sind wir bis nach Rostock gekommen? Das wissen wir schon seit tausend Jahren!«

»Seit tausend Jahren?«, fragte Till. »Wie alt bist du?«

»Fünfundvierzig Jahre«, antwortete der Schneider.

»Da hast du's«, sagte Till. »Wie kannst du es dann seit tausend Jahren wissen!« Er schaute sich beleidigt um. »Ich habe es gut mit euch gemeint. Aber wenn es euch nicht passt, könnt ihr ja wieder gehen!«

Nun wurden die Schneider ganz wild, und sie wollten ihn verprügeln. Er aber lief in ein Haus, das zwei Eingänge hatte. Zu dem einen lief er hinein und zum anderen hinaus. Sie erwischten ihn nicht, sosehr sie suchten, und waren außer sich vor Wut.

Nur die Schneider, die in Rostock selber wohnten, lachten. »Wir haben gleich gewusst, dass er nichts als einen dummen Spaß vorhatte«, sagten sie. »Wie konntet ihr nur wegen dieses Kerls eine so weite Reise machen! Ihr seid wirklich dumm.«

So gab es zum Schluss noch Verdruss und Prügel zwischen den Schneidern aus Rostock und denen von außerhalb. Nur Eulenspiegel, der daran schuld war, blieb verschwunden.

WIE DER WIND DREI SCHNEIDERGESELLEN FORTWEHTE

In dem Städtchen Brandenburg blieb Till Eulenspiegel vierzehn Tage lang. Und zwar in der Herberge ›Zur Heimat‹, wo wandernde Handwerksburschen billiges Quartier bekamen. Die Herberge lag am Marktplatz, und im Haus nebenan wohnte ein Schneidermeister.

Dieser Schneider hatte drei Gesellen. Die saßen bei schönem Wetter nicht etwa in der Werkstatt drin, sondern draußen vorm Haus auf einem großen Brett, das sie morgens auf vier Pfosten legten, die in der Erde staken.

Sie hockten wie die Moslems auf ihrem Brett, mit untergeschlagenen Beinen, und nähten Hosen, Jacken und was es sonst noch zu nähen gab. Wenn Till an ihnen vorbeikam, wurden sie jedes Mal wütend. Denn sie konnten ihn nicht ausstehen. Wahrscheinlich, weil er immer spazieren ging, statt zu arbeiten, und zweitens, weil er stets in seinem Hanswurst-Gewand herumlief, statt bei ihrem Meister einen gut sitzenden Anzug zu bestellen.

Sie machten sich mächtig über ihn lustig, warfen Stoffreste hinter ihm her und streckten ihm sogar die Zunge heraus!

Eines Nachts schlich nun Eulenspiegel vor das Haus des Schneiders und sägte heimlich die vier Holzpfosten an. Am nächsten Morgen, es war gerade Markttag und der Platz war voller Menschen, legten die drei ahnungslosen Schneidergesellen das Brett auf die Pfosten, setzten sich in Positur und arbeiteten, dass die Nähnadeln glühten.

Das ging eine Weile ganz gut. Bis der Schweinehirt kam und auf seinem Horn blies! Nun kamen die Schweine aus den Häusern gerannt, natürlich auch die Schweine des Schneidermeisters. Sie rieben sich faul an den Pfosten vorm Haus – und jetzt ging alles blitzschnell: Die angesägten Pfosten brachen ab; das Brett stürzte zu Boden; und die drei Gesellen flogen hoch im Bogen auf die Straße, mitten unter die erstaunten Leute! »Hilfe!«, rief jemand aus der Menge. »Der Wind weht drei Schneider fort!«

Ihr wisst selbstverständlich, wer das rief, ja? Die blamierten Schneidergesellen kamen auch dahinter. Sie bekamen eine Mordswut auf Till. Aber solange er in Brandenburg blieb, saßen sie von jetzt ab in der Werkstatt drin statt vorm Haus, schwitzten und dankten schließlich dem Himmel, als Eulenspiegel sein Bündel schnürte und wieder weiterwanderte.

Als er fort war, setzten sie sich sofort wieder vors Haus und sagten großspurig zu den Leuten: »Sein Glück, dass er weg ist, sonst hätten wir ihn bis zur Unkenntlichkeit verprügelt!«

WIE EULENSPIEGEL DIE KÜRSCHNER BETROG

Als er einmal, kurz vor Fastnacht, in Leipzig eintraf, gelang es ihm nicht, auch nur für ein paar Tage bei einem der vielen Leipziger Kürschner Arbeit zu finden. Das lag wohl daran, dass ihnen zur letzten Leipziger Messe ein Kürschner aus Berlin die Ohren vollgejammert hatte. Er hatte erzählt, wie ihm Eulenspiegel seinerzeit ein Dutzend schöner Wolfsfelle, statt sie zu bearbeiten, völlig zerschnipselt und daraus kleine ausgestopfte Wölfe und Teddybären gemacht hatte.

Und weil die Leipziger Kürschner keine Lust hatten, sich von Till ihre teuren Pelze verhunzen zu lassen, gaben sie ihm keine Arbeit. Und weil sie ihm keine Arbeit gaben, nahm er sich vor, sie bei nächster Gelegenheit einmal gründlich zu ärgern.

Und diese Gelegenheit bot sich. Eulenspiegel erfuhr zufällig, dass die Kürschner zum Fastnachtstag an ihrem Stammtisch ein Hasenessen planten.

So klaute er in seinem Gasthof die Katze. Das war ein vollgefressenes Prachtexemplar. Dann bat er den Koch um ein Hasenfell. Und oben im Zimmer nähte er die Katze, sosehr sie auch strampelte und kratzte, in das Hasenfell hinein. Dann klebte er

sich einen Schnurrbart unter die Nase, zog andere Kleider an und stellte sich, als ob er ein Bauer sei, vors Rathaus.

Als einer der Kürschner, die er kannte, vorbeikam, fragte er den, ob er keinen Hasen kaufen wolle. Der Kürschner dachte an das Fastnachtsessen, bezahlte Till das Tier, nahm es bei den Ohren und brachte es an den Stammtisch, wo die anderen Kürschner saßen und Bier tranken. Er zeigte ihnen den Hasen. Und sie waren von ihrem zappelnden Fastnachtsbraten hell begeistert.

Nun hatte aber einer der Kürschner einen Hund. Und sie trugen, nur so zum Spaß, ihren Hasen in den Garten hinaus und hetzten den Hund auf den Hasen.

Doch ehe sie sich's versahen, kletterte der Hase auf einen Baum und schrie kläglich: »Miau! Miau! Miau!«

Nun wurde es ihnen langsam klar, dass sie verkohlt worden

waren. Und weil man eine Katze nicht gut als Hasenbraten verzehren kann, bekamen sie eine Mordswut und schworen, den Kerl, der ihnen die Katze angedreht hatte, totzuschlagen. Doch da sich Eulenspiegel, ganz gegen seine Gewohnheit, beim Verkauf der Katze verkleidet gehabt und danach wieder umgezogen hatte, kamen sie ihm nicht auf die Spur. Und Till blieb am Leben und ärgerte die Menschen weiter.

WIE EULENSPIEGEL MILCH AUFKAUFTE

In Bremen rollte er einmal ein riesengroßes Fass auf den Wochenmarkt, stellte es dort auf und kaufte alle Milch, welche die Bäuerinnen aus den Dörfern zur Stadt gebracht hatten. Eine nach der anderen schüttete ihre Milch in das Fass, und Till schrieb mit Kreide draußen an die Fasswand, wie viel Liter Milch ihm jede der Frauen verkauft hatte. Zum Schluss gab es auf dem Markt außer in Tills Fass keinen Tropfen Milch mehr. Die Wände des Fasses waren über und über mit Kreide beschrieben. Und das Fass war bis an den Rand hinauf voller Milch.

Es hatten sich viele Leute versammelt, die sich wunderten, was Eulenspiegel wohl mit dieser Unmenge Milch anfangen wolle. Sie sollten sich aber über noch ganz andere Dinge wundern. Denn als das Fass voll war und die Marktfrauen ihr Geld verlangten, sagte Till: »Ich habe gerade kein Geld bei mir. Aber in vierzehn Tagen komme ich wieder nach Bremen. Dann bezahle ich euch alles auf Heller und Pfennig.«

Da regten sich die Bäuerinnen furchtbar auf und riefen laut durcheinander. Und wenn er nicht sofort zahle, würden sie den Polizisten holen.

»Ich weiß gar nicht, was ihr wollt«, sagte Eulenspiegel. Er war richtig ärgerlich. »Ich mache euch einen Vorschlag. Wer die vierzehn Tage nicht warten will, kann ja seine Milch wieder aus dem Fass herausnehmen. Aber passt gut auf, dass keine von euch mehr herausnimmt, als sie hineingeschüttet hat.«

Nun erhob sich ein Geschrei, dass im Rathaus drei Fensterscheiben zersprangen. Die Marktfrauen stürzten mit ihren Töpfen, Flaschen und Eimern über das Fass her. Und weil jede zuerst heranwollte, entstand ein wildes Durcheinander. Man schlug sich mit den Eimern. Die Milch spritzte hoch durch die Luft und auf die Kleider. Und zu guter Letzt fiel auch noch das große Fass um und überschwemmte den Marktplatz. Es sah aus, als hätte es Milch geregnet.

Die Marktfrauen fielen übereinander her. Die Zuschauer lachten, bis sie Seitenstechen hatten. Und Eulenspiegel?

Nun, das wisst ihr, am Ende des Buches, bestimmt schon auswendig! Wo war Eulenspiegel? Immer, wenn er etwas angestellt hatte und die anderen ihn suchten, war Eulenspiegel längst auf und davon.

Wieder zog er nun über Berg und Tal, an Flüssen entlang und quer durch Wälder und Felder. Bis er in irgendeinen Ort kam, wo er noch keinen Unfug getrieben hatte. Das holte er dann ganz rasch nach.

War die Aufgabe zu seiner Zufriedenheit erledigt, nahm er von Neuem die Beine unter den Arm, verschwand, und die Leute im Ort waren die Dummen.

Till trieb das bis ins hohe Alter so; und immer wieder entdeckte er ein Dorf oder eine Stadt, wo man auf ihn hereinfiel. Denn die Dummen – das war schon damals so –, die sterben nicht aus.

DER GESTIEFELTE KATER

VOM KATER IST NOCH NICHT DIE REDE

Es war einmal ein Müller. Der hatte eine Windmühle und drei Söhne. Und die drei Söhne arbeiteten von klein auf, wie sich das gehört, in der Mühle des Vaters. Dafür bekamen sie von ihm zu essen und zu trinken und alle drei Jahre einen neuen Anzug. Das war alles in schönster Ordnung und hätte noch lange so weitergehen können, doch das tat es leider nicht.

Denn eines Tages erlebte der Müller etwas, was jeder Mensch eines Tages erlebt, ob er nun ein Müller oder ein König ist: Er legte sich hin und starb.

DIE HINTERLASSENSCHAFT WIRD GETEILT

Das Geld, das die Söhne des Müllers in der Kommode gefunden hatten, reichte gerade für das Begräbnis. Und als die drei vom Friedhof heimkamen, putzten sie sich erst einmal vor Rührung die Nase.

Dann sagte der Älteste: »Ihr wisst, was der Vater hinterlassen hat.«

»Jawohl«, meinte der Zweite. »Die Mühle, den Esel im Stall und den Kater, der die Mäuse fängt.«

»Wir wollen die Erbschaft schnell aufteilen, weil wir noch so traurig sind«, erklärte der Älteste. »Später gäbe es womöglich Streit.«

Der Jüngste kratzte sich hinterm Ohr. Denn er konnte sich schon denken, was nun kam.

»Ich übernehme die Mühle«, sagte der Älteste. »Dem Zweiten gehört der Esel im Stall, und der Jüngste kriegt den Kater.«

»Seid mir nicht böse«, bat der Jüngste, »aber können wir nicht weiter, wie bisher, zusammen in der Mühle leben und arbeiten? Warum müssen wir denn auf einmal teilen?«

»Das verstehst du nicht«, meinte der Älteste. »Ich werde bald

heiraten, und wenn man heiratet, bekommt man Kinder, und dann ist für dich kein Platz mehr in der Mühle.«

»Aber das ist doch ungerecht!«, rief der Jüngste. »Schließlich sind wir doch alle drei die Söhne unseres Vaters! Ihm hat die Mühle gehört, und nun gehört sie uns!«

»Nein!«, erwiderte der Älteste. »Nun gehört sie mir, weil ich der Älteste bin. Das ist nicht gerecht und auch nicht ungerecht, sondern es ist ganz einfach so. Wenn du der Älteste wärst, bekämst du die Mühle. Das schwöre ich dir, bei allem, was mir heilig ist!«

»Ich bin doch aber nun einmal der Jüngste!«, rief der Jüngste.

»Das ist dein persönliches Pech«, meinte der Älteste. »Doch es lässt sich nicht ändern.«

»Was soll denn ich sagen?«, fragte der Zweite den Jüngsten. »Ich bin volle drei Jahre älter als du, und auch ich bekomme die Mühle nicht!«

»Aber du hast wenigstens den Esel, der die Mehlsäcke in die Dörfer trägt! Davon kann man ganz gut leben!«

Der Zweite sagte freundlich: »Wenn du statt meiner der Zweite wärst, bekämst du den Esel. Das schwöre ich dir, bei allem, was mir heilig ist!«

Der Jüngste stampfte mit dem Fuß auf. Er war richtig ärgerlich. »Was soll ich denn mit dem Kater anfangen? Soll ich ihn schlachten, wenn ich Hunger habe? Dann bleibt mir gerade noch sein Fell. Das reicht vielleicht für eine Pelzmütze.«

»Vielleicht«, sagte der Älteste. »Vielleicht auch nicht.«

»Du kannst dir natürlich auch ein Paar warme Handschuhe daraus machen lassen«, meinte der Zweite. »Pelzhandschuhe sind sehr gesund.«

»Ist das euer letztes Wort?«, fragte der Jüngste.

Die beiden anderen Brüder nickten im Chor mit den Köpfen, und der Älteste sagte: »Du kannst, bis du etwas Passendes gefunden hast, in meiner Mühle schlafen. Aber nur bis zum nächsten Ersten.«

Der Jüngste machte den Mund auf, sagte dann aber doch nichts mehr, sondern ging ohne ein weiteres Wort hinaus.

DER KATER IST KEIN GEWÖHNLICHER KATER

Der Jüngste – er hieß übrigens Hans – saß lange Zeit in seiner Kammer, starrte vor sich hin und wusste nicht, was er nun anfangen sollte.

Plötzlich stand der Kater, den er geerbt hatte, vor ihm, rieb sich an seinem Knie und legte sich schnurrend neben ihn.

»Du hast gut schnurren«, brummte der traurige Hans. »Wenn ich wenigstens wüsste, ob gebratener Kater überhaupt schmeckt.«

Da sagte jemand in der Nähe: »Gebratener Kater schmeckt scheußlich.«

Der junge Mann blickte sich erstaunt um. Es war weit und breit kein Mensch zu sehen. Er musste wohl geträumt haben.

»Wenn ich bloß wüsste, was nun werden soll«, seufzte Hans aus tiefster Brust.

Da sagte jemand wieder ganz in seiner Nähe: »Es wird uns schon etwas einfallen.«

Der junge Mann blickte blitzschnell nach allen Seiten. Aber wieder war niemand zu sehen!

»Jetzt wird es mir aber zu bunt!«, rief er. »Wer spricht denn hier?«

Da drehte sich der Kater um und sagte seelenruhig: »Ich, wenn Sie nichts dagegen haben!«

Hans sperrte Mund und Nase auf. Und die Augen traten ihm einen halben Zentimeter aus dem Kopf. Endlich fasste er sich wieder und fragte: »Seit wann kannst du denn reden?«

»Schon immer«, antwortete der Kater.

»Und warum hast du es noch nie vorher getan?«

Der Kater erwiderte: »Ich rede nur, wenn es wirklich darauf ankommt.«

»Aha«, meinte Hans, »so ist das.«

»Ich war vorhin dabei«, sagte der Kater, »als Sie mit Ihren Brüdern sprachen. Ich saß unter Ihrem Stuhl und habe alles mit angehört.«

»Umso besser«, rief Hans. »Dann brauche ich dir nicht erst

lange zu erzählen, wie sehr ich mich geärgert habe! Was wollen wir jetzt tun? Soll ich bis zum nächsten Ersten in der Mühle bleiben?«

»Ach was«, sagte der Kater. »Das kommt gar nicht infrage. Wir wollen weg von hier!«

»Und wohin?«

»Irgendwohin, wo man uns nicht kennt!«

»Meinetwegen!«, rief Hans. »Mehr als verhungern können wir nirgends.« Dann nahm er den Kater auf den Arm, trat auf die Straße hinaus, blickte noch einmal zu der lieben, alten Windmühle zurück und wanderte dann durch den Tannenwald und das nächste Kirchdorf und immer, immer weiter.

Am Abend krochen sie in eine Scheune. Nachdem Hans ein Stück trocken Brot gegessen und der Kater sich ein paar Mäuse gefangen hatte, legten sie sich hin und schliefen ungewiegt.

DER KATER HAT DREI SELTSAME WÜNSCHE

Den nächsten Morgen wachten sie beizeiten auf. Es war empfindlich kalt, obwohl die Sonne schon am Himmel hochkam. Hans war mutlos und sehr traurig. Außerdem knurrte ihm der Magen.

»Schade, dass Sie sich nichts aus Mäusen machen«, meinte der Kater. »Sonst könnte ich Ihnen im Handumdrehen ein reichliches Frühstück einfangen.«

»Lass deine dummen Witze!«, brummte Hans. »Mir ist gar nicht zum Lachen. Sag mir lieber, was aus uns werden soll!«

Da strich sich der Kater nachdenklich seinen Schnurrbart und fragte: »Wie viel Geld haben Sie noch?«

Hans stülpte die Taschen um und zählte die Geldstücke, die herausfielen. Es waren zwei rheinische Taler und viereinhalb Silbergroschen. »Das ist der ganze Segen«, meinte er.

»Es wird ausreichen«, sagte der Kater nach einer Weile.

»Wofür?«, fragte Hans erstaunt.

Da begann der Kater: »Ich brauche dringend ein Paar hohe Stiefel, eine kleine grüne Jagdtasche und einen Sack! Kommen Sie. Gehen wir.«

Trier

»Ausgeschlossen!«, rief Hans. »Wozu um alles in der Welt brauchst du denn hohe Stiefel, eine Jagdtasche und einen Sack?«

»Das erzähle ich Ihnen ein andermal«, sagte der Kater. »Ich brauche sie aber, damit ich Ihnen helfen kann.«

Hans wollte nicht. »Ich habe dich zwar sehr gern«, meinte er, »außerdem kannst du sprechen und bist auch sonst ein hübsches Tier. Aber mein letztes Geld für solchen Firlefanz hergeben – nein, das ist eine Kateridee!«

»Natürlich ist es eine Kateridee«, erklärte der Kater stolz. »Sie stammt ja von mir!«

Hans betrachtete seinen Kater lange. Dann sagte er seufzend: »Also schön! Wir wollen dir die drei Dinge, die du dir wünschst, besorgen. Aber erst kaufe ich mir ein Vierpfundbrot. Sonst habe ich am Abend womöglich einen solchen Hunger, dass ich dich aus Versehen schlachte und brate. Und das täte mir hinterher sicher leid.«

Mit diesen Worten stand er auf, und sie machten sich auf den Weg nach dem nächsten größeren Dorf.

Mittags kamen die beiden zum Schuster. Den Sack und die Jagdtasche hatten sie bereits eingekauft. Schon das dritte Paar Stiefel, das der Kater anprobierte, passte wie angegossen!

Wunderbar sah der Kater jetzt aus! Die hohen Stulpenstiefel standen ihm prächtig. Die Jagdtasche war schön bestickt und kleidete ihn wie einen kühnen Jäger.

Er warf den Sack über die Schulter, verbeugte sich tief und sagte: »Auf baldiges Wiedersehen, mein Herr!«

»Wo willst du hin?«, fragte Hans besorgt.

Doch da war sein Kater auch schon aus der Tür und im Kornfeld verschwunden.

REBHÜHNER FRESSEN GERNE WEIZENKÖRNER

Der Kater stiefelte stundenlang durch Wiese und Wald, bis er in eine Gegend kam, in der es viele Rebhühner gab. Dort suchte er sich ein stilles Fleckchen, legte den Sack, den ihm sein junger Herr gekauft hatte, in ein Feld und tat ein paar Weizenkörner in die Öffnung des aufgesperrten Sackes.

Dann legte er sich selber neben die Falle, streckte alle viere von sich und stellte sich, so gut es ging, tot. Manchmal machte er die Augen halb auf, um zu sehen, ob sich noch kein Rebhuhn blicken ließ.

So lag er eine ganze Weile, ohne dass sich etwas gerührt hätte.

Aber plötzlich tauchten drei Rebhühner in seiner Nähe auf. Sie reckten ihre kleinen Hälse und waren sehr aufgeregt. Denn Körner, das weiß man ja, fressen die Rebhühner am liebsten.

Das dümmste und verfressenste der drei kleinen Tiere begann eifrig Körner zu picken, und weil in dem aufgesperrten Sack noch mehr Körner waren, kroch es in den Sack hinein.

Darauf hatte der Kater nur gewartet! Er machte einen Satz, und schon hatte er den Sack zugeklappt!

Eine Minute später hatte er das Rebhuhn totgebissen; und zwei Minuten später steckte der Braten in der schönen, bestickten Jagdtasche. Nachdem das erledigt war, setzte der gestiefelte Kater seinen Weg fort.

Eine halbe Stunde entfernt lag ein Königsschloss. Ein großes Schloss mit vielen Zinnen und Türmchen. Der König, der in dem Schloss wohnte, war ein guter König, weil er ein edles Herz hatte.

Andere Leute sagten, er sei ein guter König, weil er magenkrank war.

Aber das war wohl nicht richtig. Obwohl es freilich stimmte, dass sein Magen nicht in Ordnung war. Doch das hatte mit seiner Güte sicher nicht das Geringste zu tun, eher mit seinem gewaltigen Appetit.

Jedenfalls hatte ihm einer seiner zwölf Leibärzte geraten, dass er unbedingt ein gebratenes Rebhuhn essen müsse. Ein Rebhuhn sei das Einzige, was ihm und seinem kranken Magen helfen könne.

Nun hatte er seine Oberförster, Förster und Jagdgehilfen beauftragt, ihm ein Rebhuhn zu besorgen. Wem das gelänge, dem solle der Oberhofmeister tausend Taler auszahlen.

Wie das nun so ist: Seit die Oberförster, Förster und Jagdgehilfen des Königs wussten, dass sie tausend Taler verdienen konnten, schossen sie, kaum dass ihnen ein Rebhuhn vor die Flinte kam, prompt daneben.

Deswegen geriet, wie man sich denken kann, der Oberportier des Schlosses, als der gestiefelte Kater sich bei ihm melden ließ, in große Aufregung.

Der Hauptmann der Schlosswache rannte sofort zum König hinauf. Er nahm jedes Mal zwei Stufen.

Der herzensgute und magenkranke König, hinter dem die zwölf Leibärzte standen, saß auf dem Thron und kaute unfreundlich an einem trockenen Brötchen.

Da kam der Hauptmann der Schlosswache in den Saal gestürzt und rief: »Majestät, ein Rebhuhn!«

»Wie?«, fragte der König.

Doch da stand schon der gestiefelte Kater in der Tür, schritt, tief grüßend, bis zum König, kniete vor diesem nieder, holte das Rebhuhn aus der Jagdtasche und sagte: »Mein Herr, der Graf von Carabas, schickt Eurer Majestät dieses zarte Geflügel und hofft, dass es der Gesundheit Eurer Majestät wohl bekommen möge!«

Dem braven König traten zwei dicke Tränen in die Augen, als er das hörte.

»Der Graf von Carabas?«, rief er. »Wieso kenne ich den Herrn nicht?«

Die zwölf Ärzte zuckten mit den Achseln.

»Das sieht euch ähnlich!«, rief der herzensgute, aber magenkranke König.

Dann sagte er zu dem Kater: »Überbringe deinem Herrn, dem Grafen von Carabas, meine herzlichsten Grüße, und lasse dir, als seinem Diener, die tausend Taler auszahlen, die ich für das Rebhuhn ausgesetzt habe!«

»Die Grüße Eurer Majestät will ich meinem Herrn, dem Grafen von Carabas, gern ausrichten«, erwiderte der gestiefelte Kater. »Aber die tausend Taler nehme ich nicht. Das würde mir mein Herr, der Graf von Carabas, bis ans Lebensende verübeln.«

Damit verbeugte er sich tief und verließ, stolz wie ein Spanier, das königliche Schloss.

DER GESTIEFELTE KATER KOMMT WIEDER

Wenn man ein König ist und zwölf Leibärzte hat, gibt es mindestens zwölf Möglichkeiten, krank zu sein und gesund zu werden.

Das gebratene Rebhuhn hatte dem braven, herzensguten König wohlgetan. Er fühlte sich seitdem bedeutend frischer.

Doch dann war der elfte Arzt gekommen, hatte ihn gründlich untersucht und ernst gesagt:

»Majestät müssten dringend ein Kaninchen essen!«

Der König setzte natürlich sofort eine Prämie von tausend Talern aus.

Aber es war wie verhext. Seitdem kam keinem der Oberförster, Förster und Jagdgehilfen ein Kaninchen vor die Flinte, obwohl die Felder voll davon waren.

Bis sich eines Tages der gestiefelte Kater wieder im Schloss beim Oberportier meldete und dem guten König ein Kaninchen überreichte, das er in der kleinen grünen Jagdtasche mitgebracht hatte.

Der König war selig! Er ließ schleunigst tausend Taler holen. Doch der Abgesandte des Grafen von Carabas verzichtete wiederum auf die hohe Belohnung.

»Der Graf von Carabas muss ein Millionär sein«, sagten viele am Tisch. »Denn wer verzichtet sonst, noch dazu das zweite Mal, auf tausend Taler?«

»Ein Millionär bestimmt nicht«, sagte der Hofastronom, der ein kluger Mann war.

Doch, was die Hauptsache ist: Dem König wurde, nachdem er das Kaninchen verzehrt hatte, noch wohler als vorher.

Das ließ nun wieder dem zehnten Leibarzt keine Ruhe. Er untersuchte den König noch gründlicher, schüttelte den Kopf und sagte dann: »Majestät müssten unbedingt ein paar Wachteln essen. Sonst übernehme ich keine Verantwortung für Ihre Konstitution.«

Der König bekam einen furchtbaren Schreck. »Konstitution?«, fragte er ängstlich. »Ich habe eine Konstitution? Was ist denn das schon wieder?«

Er setzte sofort eine Belohnung, diesmal sogar von zweitausend Talern, aus! Aber auch das half nichts. Seine Oberförster, Förster und Jagdgehilfen fingen und fingen keine Wachteln, obwohl sie vor lauter Jagdeifer kaum ins Bett gingen.

Der König nahm zwei Pfund ab. So eine Angst hatte er wegen der Konstitution.

Endlich kam, als er eines Tages an der Tafel saß und wieder an einem altbackenen Brötchen kaute, der Hauptmann der Schlosswache in den Saal gestürzt. Er strahlte über das ganze Gesicht.

»Wo brennt's?«, fragte der König.

Doch da erschien schon der gestiefelte Kater hinter dem strahlenden Hauptmann, verneigte sich nach allen Seiten, kniete vor dem König nieder und legte vier Wachteln auf den goldenen Tisch.

Dazu sagte er: »Mein Herr, der Graf von Carabas, schickt Eurer Majestät diese Wachteln und wünscht gute Besserung.«

Da stand der König vor Rührung auf, und seine Tochter, die Minister und Generäle mussten wohl oder übel mit ihm aufstehen. Und dann sagte er: »Dein Herr, der Graf von Carabas, ist die Güte selbst. Schade, dass er so ein reicher Mann ist. Sonst würde ich ihm ein Vermögen schenken. Und wie steht es mit dir? Willst du die Belohnung auch dieses Mal nicht annehmen?«

»Niemals«, erwiderte der Kater erhaben.

»Oder willst du bei mir Generaloberförster werden?«, fragte der König.

»Nein«, sagte der Kater. »Verbindlichen Dank, Majestät!«

»Warum nicht?«

»Erstens liebe ich meinen Herrn, den Grafen von Carabas, zu sehr, und zweitens könnten Eure Majestät mich nicht bezahlen. Das würde Euer Königreich ruinieren.«

Damit schritt der gestiefelte Kater hoch erhobenen Hauptes von dannen.

»Wenn ich diesen Grafen von Carabas nicht bald kennenlerne«, sagte der König, »so werde ich wahnsinnig.«

»Ich auch, Papa«, erklärte die Königstochter. Und sie war bekannt dafür, dass sie durchsetzte, was sie wollte.

HANS MUSS IM FLUSS BADEN

Der gestiefelte Kater hatte Hans, seinem Herrn und Eigentümer, in all der Zeit kein Sterbenswort davon gesagt, dass er den guten, magenkranken König kenne und wie sehr dieser ihn und den vermeintlichen Grafen von Carabas wertschätze. Manchmal hatte Hans, wenn sich der Kater besonders lange herumgetrieben hatte, gefragt, was das denn heißen solle.

Aber der Kater hatte dann immer irgendein Huhn oder Kaninchen aus der Jagdtasche hervorgeholt, und Hans war das Wasser im Munde zusammengelaufen. Und wenn einem das Wasser im Munde zusammenläuft, spricht man nicht gern.

Eines schönen Tages bat der Kater seinen Herrn, er möge mit ihm einen Spaziergang machen. Sie kamen auch an einen Fluss, und der Kater sagte: »Jetzt müssen Sie baden!«

»Ich habe doch erst gestern gebadet!«, meinte Hans.

Aber der Kater ließ nicht locker und gab nicht eher Ruhe, als bis Hans sich ausgezogen hatte und unlustig in dem Fluss hin und her schwamm.

Plötzlich rief er: »Was fällt dir denn ein?«

Die Frage war gar nicht so unberechtigt. Denn der Kater hatte

Hansens Hemd und Anzug in den Fluss geworfen und sogar die Schuhe und Strümpfe.

»Was soll ich denn nun machen?«, rief Hans ärgerlich. »Ich kann doch nicht als Nacktfrosch weiterleben!«

»Das wird auch nicht nötig sein«, antwortete der Kater. »Sie müssen sich nur ganz fest einbilden, dass Sie der Graf von Carabas sind!«

»Was?«, rief Hans. »Ein Graf? Das fehlte noch!«

Aber der Kater hörte nicht mehr auf ihn, sondern lief plötzlich, als sei er völlig verzweifelt, am Ufer auf und nieder, rang die Pfoten und schrie aus Leibeskräften: »Hilfe! Hilfe! Mein Herr, der Graf von Carabas, ertrinkt! Hilfe! Hilfe!«

Trier

Es näherte sich gerade eine goldene Kutsche mit vier Schimmeln davor.

»Hilfe!«, schrie der Kater. »Mein Herr, der Graf von Carabas, ertrinkt!«

Da hielt die goldene Kutsche an, und der König blickte aus dem Kutschschlag. »Was muss ich hören?«, fragte er entsetzt. »Der Graf von Carabas ertrinkt? Warum denn?«

Neben ihm saß die Prinzessin. Sie tat einen zierlichen Schnaufer und fiel anschließend in Ohnmacht.

Der König erteilte rasch seine Befehle. Drei Lakaien sprangen sofort ins Wasser und zogen den maßlos verwunderten Hans ans Ufer.

Der Kater erzählte inzwischen dem König, dass Diebe die Kleider seines Herrn gestohlen hätten.

Da mussten sich drei Mann aus dem Gefolge der Edelleute, die hinter der goldenen Kutsche dreingeritten waren, ausziehen: einer das Spitzenhemd und den goldbetressten Rock, der

zweite die Hose und Reitstiefel und der dritte den Federhut samt der Perücke.

Die drei sahen, als sie wieder zu Pferde stiegen, recht albern aus.

Umso prächtiger wirkte nun Hans, der all die schönen Sachen angezogen hatte und von den triefnassen Lakaien zu der goldenen Kutsche geführt wurde.

Der König nahm zum Gruß seine Krone ab und schüttelte Hans die Hand, als wolle er sie ihm abreißen.

Hans wusste beim besten Willen nicht, was er machen sollte. Da schlug die Prinzessin gerade die veilchenblauen Augen auf und sagte mit zitternder Stimme: »Oh, mein lieber Graf von Carabas!«

Hans starrte sie an, als sei sie ein Marzipanengel.

Da setzte der König die Krone wieder auf und rieb sich heimlich die Hände.

Dann musste Hans in der goldenen Kutsche Platz nehmen, ob er wollte oder nicht. Und im Grunde wollte er natürlich.

»Wo ist denn mein Kater?«, fragte er noch. Doch der war nirgends zu sehen.

Der Kater hatte nämlich andere Sorgen. Er war vorausgeeilt, und überall, wo er Bauern begegnet war, die in den Feldern und Wiesen arbeiteten, hatte er gerufen: »Gleich wird der König vorbeikommen. Wenn er euch fragt, wem diese Felder und Wiesen gehören, müsst ihr antworten: ›Dem Grafen von Carabas, Majestät.‹ Wenn ihr das nicht tut, lasse ich euch in ranzigem Öl braten!«

Trier

Wer will nun schon in ranzigem Öl gebraten werden? Ich wüsste keinen.

Und als die goldene Kutsche angerollt kam und anhielt, und als der König die Bauern leutselig fragte, wem das alles gehöre, riefen sie, ohne lange zu zögern: »Dem Grafen von Carabas, Majestät!«

Als er das gut ein Dutzend Male gehört hatte, fragte der König, ob er dem Grafen von Carabas auf die Schulter klopfen dürfe.

»Wem?«, fragte Hans. »Ach so, mir! Gerne, Majestät!«

Der König klopfte ihm also auf die Schulter und sagte nichts weiter als: »Donnerwetter, mein lieber Graf!«

Trier

DER GESTIEFELTE KATER MACHT GANZE ARBEIT

In Wirklichkeit gehörten all die Wiesen und Felder aber einem bösen Zauberer, der in der Nähe ein prächtiges Schloss bewohnte und vor dem die Bauern eine Heidenangst hatten.

Deswegen hatten sie dem gestiefelten Kater auch ohne Weiteres geglaubt, dass sie in ranzigem Öl gebraten würden, wenn sie ihm nicht folgten. Denn sie hatten ihn für einen Boten des Zauberers gehalten.

Als der Kater im Schloss des bösen Zauberers angekommen war, ließ er durch einen Diener anfragen, ob er dem Herrn Zauberer einen Besuch machen dürfe.

Der Diener kam zurück und sagte: »Mein Herr, der Zauberer, hat nichts dagegen. Aber wenn ich Ihnen einen Rat geben darf: Gehen Sie lieber nicht hinauf, Herr Kater! Mein Herr, der Zauberer, ist ein schrecklicher Kerl!«

Doch der gestiefelte Kater hatte keine Angst, sondern ging in den Saal, in dem der böse Zauberer an einem Tische saß, verbeugte sich und sagte: »Guten Tag!«

Der Zauberer sah ganz abscheulich aus. Ein Riese war er außerdem.

Trier

Der Kater nahm darauf keine Rücksicht, sondern fuhr fort: »Ich komme gerade aus Afrika. Dort erzählt man sich, Sie könnten sich in einen Elefanten verwandeln. Ich glaube es aber nicht.«

»Du glaubst das nicht?«, brummte der Zauberer: »Na warte!« Und ehe man hätte bis drei zählen können, hatte sich der Zauberer doch tatsächlich in einen richtigen Elefanten verwandelt!

Der Kater war vor Schreck an der Gardine hochgeklettert, saß jetzt zitternd auf der Gardinenstange und sagte: »Das ist ja allerhand!«

Der Elefant spazierte im Saal auf und ab und tat, als wolle er den Kater mit dem Rüssel herunterholen.

»Bitte nicht«, sagte der Kater. »Seien Sie so freundlich, und verwandeln Sie sich wieder zurück!«

Da verschwand der Elefant, und der Zauberer saß wieder an seinem Tisch, als wäre nichts gewesen. »Ich kann noch mehr«, sagte er. »Pass gut auf!« Und schon war aus dem Zauberer ein Löwe geworden, der laut brüllte, mit dem Schweif schlug und tat, als wolle er an der Gardine hochspringen.

Erst als der Kater sehr gebettelt hatte, wurde aus dem Löwen wieder der Zauberer, der am Tische saß.

Der Kater traute sich nur zögernd von seiner Gardinenstange herunter, fasste neuen Mut und sagte: »Sie haben mir ja einen schönen Schreck eingejagt.«

»Das freut mich«, antwortete der böse Zauberer und lachte fürchterlich.

Trier

»In Afrika hat man mir sogar erzählt, Sie könnten sich nicht nur in große, sondern auch in kleine Tiere verwandeln. Können Sie sich zum Beispiel in ein Reh verwandeln?«

»Selbstverständlich«, knurrte der Zauberer hochmütig.

»Oder in eine Katze?«

»Natürlich!«

»Fabelhaft!«, sagte der gestiefelte Kater. »Sogar in eine Maus?«

»Wenn es weiter nichts ist!«, rief der Zauberer.

»So leid es mir tut«, meinte der Kater, »aber dass Sie sich in eine Maus verwandeln können, das halte ich für unmöglich!«

»Unmöglich?«, rief der Zauberer und lachte beleidigt. Und ehe man hätte bis drei zählen können, hatte er sich in eine ganz, ganz kleine Maus verwandelt!

»So ist's recht!«, rief der Kater. Und ehe man bis eins zählen konnte, hatte er die ganz, ganz kleine Maus aufgefressen!

Dann wischte er sich den Schnurrbart und sagte: »Sooo klein wäre gar nicht nötig gewesen!«

DER GRAF VON CARABAS VERLOBT SICH

Nachdem der gestiefelte Kater die ganz, ganz kleine Maus gefressen hatte, rief er geschwind die gesamte Dienerschaft des Schlosses zusammen und sagte: »Der Zauberer ist tot!«

Da murmelten alle: »Gott sei Dank!«

Denn der Zauberer hatte sie immer sehr schlecht behandelt; und sie waren heilfroh, dass der unheimliche Mann nicht mehr lebte.

»Das Schloss, die Wälder, Wiesen und Felder gehören von dieser Stunde an meinem Herrn, dem Grafen von Carabas«, erklärte der Kater. »Er wird gleich in einer goldenen Kutsche vorfahren. Mit dem König und der Prinzessin. Was werdet ihr also rufen, wenn mein Herr ankommt?«

»Der Zauberer ist tot!«, erklärte der Gärtner.

»Nicht doch«, meinte der Silberputzer. »Wir werden rufen: Der Graf von Carabas soll leben!«

»Richtig!«, sagte der Kater. »Wenn ihr das schön laut ruft, bekommt ihr vielleicht Gehaltszulage!«

Da hörte man auch schon Peitschenknallen, und der Kater rannte vors Schloss. Die goldene Kutsche hielt schon vor dem Portal. Der König beugte sich heraus und fragte: »Wem gehört denn dieses herrliche Schloss?«

Der gestiefelte Kater verbeugte sich tief und sagte feierlich: »Meinem Herrn, dem Grafen von Carabas, Euer Majestät!«

Der König schlug beide Hände über der Krone zusammen, so begeistert war er.

Hans blickte den Kater an, als wollte er sagen: ›Nun bist du aber endgültig übergeschnappt!‹

Doch der Kater zwinkerte nur mit seinem linken Katzenauge und fuhr fort: »Mein Herr, der Graf von Carabas, wird Eurer Majestät und Höchstderen Tochter sicher mit tausend Freuden sein Schloss zeigen wollen.«

»Wirklich?«, fragte die Prinzessin und drückte Hans heimlich die Hand.

Ja, da blieb ihm natürlich nichts weiter übrig, als mit den königlichen Herrschaften aus der Kutsche zu klettern.

Und als sie in die marmorne Schlosshalle eintraten, brüllte die gesamte Dienerschaft aus vollster Kehle: »Unser lieber Herr, der Graf von Carabas, soll leben!«

Nur der alte Gärtner rief: »Hurra, der Zauberer ist tot!« Aber das hörte in dem Lärm kein Mensch.

Der gestiefelte Kater fragte dann den König höflich, ob er einen Happen essen wolle.

»Was gibt's denn?«, fragte der König neugierig.

»Kaninchenbraten, Rebhühner und Wachteln«, meinte der Kater. »Es dauert aber ein halbes Stündchen, Majestät.«

»Das macht nichts«, sagte der König. »Wir haben Zeit.«

Da stellte sich die Prinzessin auf ihre niedlichen Zehenspitzen und flüsterte ihrem Vater etwas ins Ohr.

»Eine sehr gute Idee!«, rief der König. »Wie ist das, Herr Graf, wollen Sie mein Schwiegersohn werden?«

Hans sah die Prinzessin an, bis sie rot wurde. Dann ging er auf sie zu, sagte: »Ich bin so frei!«, und küsste sie. Das war der Verlobungskuss.

Er dauerte genau eine halbe Stunde und zwei Minuten.

Als sie mit dem Verlobungskuss fertig waren,

kam der gestiefelte Kater wieder und rief: »Das Essen ist aufgetragen!«

Der König hakte sich bei seiner Tochter, der Prinzessin, und bei dem Grafen Hans von Carabas, seinem Schwiegersohn, unter und sagte vergnügt: »Ihr habt die letzte halbe Stunde sehr vernünftig ausgenützt, meine Kinder. Jetzt wollen wir aber essen und auf euer Wohl trinken!«

Das taten sie dann auch.

Die Hochzeit fand noch in derselben Woche statt. Der gestiefelte Kater streute Blumen. Und Hans, der ihm all das Glück zu verdanken hatte, machte ihn zu seinem Oberfeldwaldwiesenundhaushofmeister.

Und wenn sie nicht gestorben sind, leben sie heute noch.

DES FREIHERRN VON

MÜNCHHAUSEN

WUNDERBARE REISEN UND
ABENTEUER ZU WASSER UND ZU LANDE

VORWORT

Eines steht fest, und daran ist nicht zu wackeln: Der Baron von Münchhausen, der in diesem Buch einige seiner Abenteuer erzählt, hat wirklich und richtig gelebt, und zwar vor etwa zweihundert Jahren. Er kam im Braunschweigischen zur Welt, hieß Hieronymus mit Vornamen und wurde, kaum aus der Schule, Offizier. Das war damals bei Söhnen aus dem Adel so üblich. Die Väter lebten auf ihren Gütern, gingen auf die Jagd, ritten durch die Felder, tranken roten Punsch und ließen ihre Söhne Offizier werden. Wenn die Väter alt wurden, riefen sie die Söhne zurück. Und nun gingen diese auf die Jagd, ritten durch die Felder, tranken roten Punsch und ließen wiederum ihre Söhne Offizier werden.

Wann war das denn nun, damals? Es war zu der Zeit, als die Kaiserin Maria Theresia in Österreich, Friedrich der Große in Preußen und Katharina II. in Russland regierten. Weil es überall Krieg gab, gab es überall Armeen, und weil es überall Armeen gab, brauchte man überall Offiziere. Und war im eigenen Lande wirklich einmal kein Krieg, so ritt man in ein anderes Land und trat in dessen Armee ein.

Genauso ging es mit Hieronymus von Münchhausen. Als es

ihm daheim zu langweilig wurde, trat er in die russische Armee ein. Und im Krieg zwischen Russland und der Türkei wurde er gefangen genommen und erst nach einigen Jahren wieder freigelassen. Später rief ihn sein alter Vater heim nach Bodenwerder, so hieß ihr Gut und das kleine Schloss, und nun war Hieronymus der Gutsherr. Er zog die Uniform aus, ging auf die Jagd, ritt durch die Felder und trank roten Punsch. Söhne hatte er übrigens keine, und so konnte er sie auch nicht Offizier werden lassen. Davon abgesehen, lebte er wie die anderen Barone auch, und wir wüssten heute nichts mehr von ihm, hätte er nicht beim Punsch ganz erstaunliche Geschichten erzählt. So erstaunliche Geschichten, dass die anderen Barone, der Pfarrer, der Doktor und der Amtmann, die mit ihm am Tische saßen, Mund und Nase aufsperrten. So erstaunliche Geschichten, dass sie von irgendwem heimlich aufgeschrieben und gedruckt wurden. Münchhausen war sehr ärgerlich und wollte den Druck verbieten lassen. Als er damit kein Glück hatte, starb er vor Wut.

Und was an den Geschichten ist denn nun so erstaunlich? Sie stecken voll der tollsten Lügen! Mitten in Berichten über Reisen, die er wirklich gemacht, und Kriege, an denen er wirklich teilgenommen hat, tischt Münchhausen uns Lügen auf, dass sich die Balken biegen! Durch Lügen kann man also berühmt werden? Freilich! Aber nur, wenn man so lustig, so fantastisch, so treuherzig und so verschmitzt zu lügen versteht wie Münchhausen, nicht etwa, um die Leser zu beschwindeln, sondern um sie, wie ein zwinkernder Märchenerzähler, mit ihrem vollen Einverständnis lächelnd zu unterhalten.

Dass ihr mir nun also nicht nach Hause kommt und sagt: »Denk dir, Mama, ich hab eben mit einem Auto gesprochen, und das Auto meinte, morgen gäbe es Regen!« Durch solche Lügen wird man nicht berühmt. So zu lügen wie Münchhausen ist eine Kunst. Versucht es, bitte, gar nicht erst, sondern macht lieber eure Rechenaufgaben! Und dann, wenn sie fertig sind, lest Münchhausens »wunderbare Reisen und Abenteuer zu Wasser und zu Lande«! Ich wünsch euch viel Vergnügen!

DAS PFERD AUF DEM KIRCHTURM

Meine erste Reise nach Russland unternahm ich mitten im tiefsten Winter! Denn im Frühling und im Herbst sind die Straßen und Wege in Polen, Kurland und Livland vom Regen so zerweicht, dass man stecken bleibt, und im Sommer sind sie knochentrocken und so staubig, dass man vor lauter Husten nicht vorwärtskommt. Ich reiste also im Winter und, weil es am praktischsten ist, zu Pferde. Leider fror ich jeden Tag mehr, denn ich hatte einen zu dünnen Mantel angezogen, und das ganze Land war so zugeschneit, dass ich oft genug weder Weg noch Steg sah, keinen Baum, keinen Wegweiser, nichts, nichts, nur Schnee.

Eines Abends kletterte ich, steif und müde, von meinem braven Gaul herunter und band ihn, damit er nicht fortliefe, an einer Baumspitze fest, die aus dem Schnee herausschaute. Dann legte ich mich, nicht weit davon, die Pistolen unterm Arm, auf meinen Mantel und nickte ein.

Als ich aufwachte, schien die Sonne. Und als ich mich umgeschaut hatte, rieb ich mir erst einmal die Augen. Wisst ihr, wo ich lag? Mitten in einem Dorf, und noch dazu auf dem Kirch-

hof! ›Donner und Doria!‹, dachte ich. Denn wer liegt schon gerne kerngesund, wenn auch ziemlich verfroren, auf einem Dorfkirchhof? Außerdem war mein Pferd verschwunden! Und ich hatte es doch neben mir angepflockt! Plötzlich hörte ich's laut wiehern. Und zwar hoch über mir! Nanu! Ich blickte hoch und sah das arme Tier am Wetterhahn des Kirchturms hängen! Es wieherte und zappelte und wollte begreiflicherweise wieder herunter. Aber wie, um alles in der Welt, war's denn auf den Kirchturm hinaufgekommen?

Allmählich begriff ich, was geschehen war. Also: Das Dorf mitsamt der Kirche war eingeschneit gewesen, und was ich im Dunkeln für eine Baumspitze gehalten hatte, war der Wetterhahn der Dorfkirche gewesen! Nachts war dann das Wetter umgeschlagen. Es hatte getaut. Und ich war, während ich schlief, mit dem schmelzenden Schnee Zentimeter um Zentimeter hinabgesunken, bis ich zwischen den Grabsteinen aufwachte.

Was war zu tun? Da ich ein guter Schütze bin, nahm ich eine meiner Pistolen, zielte nach dem Halfter, schoss ihn entzwei und kam auf diese Weise zu meinem Pferd, das heilfroh war, als es wieder Boden unter den Hufen hatte. Ich schwang mich in den Sattel, und unsere abenteuerliche Reise konnte weitergehen.

DER SCHLITTENWOLF

Da es in Russland nicht üblich ist, hoch zu Pferde zu reisen, kaufte ich mir einen kleinen Schlitten, spannte mein Pferd vor, und wir trabten guten Muts auf Sankt Petersburg zu. Irgendwo in Estland oder in Ingermanland, so genau weiß ich's nicht mehr, auf alle Fälle aber in einem endlosen, unheimlichen Wald, wurde mit einem Male mein Pferd unruhig und raste, wie von wilder Angst gepeitscht, mit mir auf und davon. Ich drehte mich um und erblickte einen riesigen Wolf, der, halb verrückt vor Hunger, hinter uns herjagte und immer näher und näher kam.

Ihm zu entwischen war aussichtslos. Schon war er nur noch fünf Meter hinter uns – da warf ich mich, lang wie ich bin, auf den Boden des Schlittens, ließ die Zügel los, und der Wolf, der eigentlich mich als Mahlzeit ausersehen hatte, sprang über mich weg und verbiss sich wütend in mein Pferd. Das Hinterteil verschlang er, als wär's nicht mehr als ein Stückchen Wurst, und das arme Tier lief vor Schmerz und Schrecken noch schneller als vorher. Als ich nach einiger Zeit wieder hinblickte, sah ich voller Entsetzen, dass sich der Wolf in das Pferd förmlich hineingefressen hatte!

Da setzte ich mich wieder hoch, ergriff die Peitsche und schlug wie besessen auf den Wolf ein. Das behagte ihm gar nicht, und er fraß sich noch schneller vorwärts. Ich schlug und schlug, und plötzlich fiel das Pferd, oder was von ihm noch übrig war, aus dem Geschirr, und der Wolf steckte darin! Mir tut mein Arm heute noch weh, wenn ich daran denke, wie ich stundenlang und pausenlos auf ihn mit der Peitsche eindrosch.

Wir flogen nur so durch den Wald und über die Felder, und dann galoppierten wir an den ersten Häusern einer großen Stadt vorbei. Das war St. Petersburg, und die Leute auf den Straßen staunten nicht schlecht. Denn einen Wolf, der einen Schlitten zog, hatten sie noch nicht gesehen!

DER TRINKFESTE GENERAL

Gleich nach meiner Ankunft in Petersburg hatte ich mich um ein Offizierspatent beworben. Doch es dauerte noch einige Zeit, bis ich in der russischen Armee eingestellt werden konnte. Und so hatte ich reichlich Zeit und Gelegenheit, mein Geld auszugeben. Bis in die Nacht spielten wir Karten. Ja, und getrunken wurde auch nicht gerade wenig! Denn in Russland ist es viele Monate kalt, und Trinken macht bekanntlich warm. Wer viel friert, trinkt viel und bekommt allmählich eine erstaunliche Übung darin. Ich lernte Leute kennen, die

so viel trinken konnten, dass ich vom bloßen Zusehen einen Rausch kriegte. Was nicht heißen soll, dass ich immer nur zusah.

Am meisten von allen vertrug aber ein General mit grauem Bart und kupferrotem Gesicht. Im Krieg mit den Türken hatte er, bei einem Säbelkampf, die Schädeldecke eingebüßt und behielt deswegen immer, auch wenn wir tafelten, seinen Hut auf. Er leerte während des Essens mindestens drei Flaschen Wodka und hinterdrein noch eine Flasche Arrak. Es kam aber auch vor, dass er zwei Flaschen Arrak trank. Doch so viel er auch trinken mochte – betrunken wurde er nie.

Ich stand vor einem Rätsel, bis ich hinter das seltsame Geheimnis kam. Der General pflegte etwa aller Stunden seinen Hut ein wenig hochzuheben. Und eines Abends bemerkte ich, dass er nicht nur den Hut hochhob, sondern auch eine daran befestigte silberne Platte, die ihm als künstliche Schädeldecke diente. Auf diesem ungewöhnlichen Wege stieg der angesammelte Alkoholdunst wie eine Wolke aus seinem Kopfe hoch, und er war wieder nüchtern wie zu Beginn der Mahlzeit.

Meine Freunde wollten mir nicht glauben. Da trat ich einmal, als er eben den Hut wieder aufgesetzt hatte, hinter ihn und hielt einen Fidibus, den ich an meiner holländischen Pfeife angezündet hatte, mitten in die aufsteigende Alkoholwolke. Das gab ein prächtiges Schauspiel! Denn die Wolke entzündete sich und schwebte, in bläulichem Feuer, wie ein Heiligenschein über dem Hute des alten Herrn!

Trier

Alle bestaunten das Wunder. Und auch der General selber fand das kleine Experiment sehr hübsch. Ich durfte es manchmal wiederholen. Es kam sogar vor, dass er mich darum bat und schmunzelnd sagte: »Münchhausen, zünden Sie mich, bitte, wieder einmal an!«

DIE ENTEN AN DER SCHNUR UND ANDERE JAGDGESCHICHTEN

Während der Jagd bemerkte ich eines schönen Morgens ein paar Dutzend Wildenten, die friedlich auf einem kleinen See herumschwammen. Hätte ich eine Ente geschossen, wären die anderen davongeflogen, und das wollte ich natürlich nicht. Da kam mir ein guter Gedanke. Ich dröselte eine lange Hundeleine auf, verknotete die Teile, sodass sie nun viermal so lang war wie vorher, und band an einem Ende ein Stückchen Schinkenspeck fest, das von meinem Frühstück übrig geblieben war.

Dann versteckte ich mich im Schilf und warf vorsichtig meine Leine aus. Schon schwamm die erste Ente herbei und verschlang den Speck. Da er sehr glatt und schlüpfrig war, kam er bald, samt dem Faden, an der Rückseite der Ente wieder heraus. Da kam auch schon die nächste Ente angerudert und verschlang das Speckstückchen. Auch bei ihr tauchte es kurz darauf hinten wieder auf, und so ging es weiter! Der Speck machte seine Reise durch alle Enten hindurch, ohne dass die Leine riss, und sie waren daran aufgereiht wie die Perlen an einer Schnur.

Ich zog meine Enten an Land, schlang die Leine sechsmal um mich herum und ging nach Hause. Die Enten waren sehr schwer, und ich war schon recht müde, da begannen die Enten, die ja alle noch lebendig waren, plötzlich mit den Flügeln zu schlagen und stiegen in die Luft! Mit mir! Denn ich hatte ja die Leine um mich herumgewickelt! Sie schienen zu dem See zurückfliegen zu wollen, aber ich benutzte meine langen Rockschöße als Ruder, und so mussten die Enten umkehren. Ich steuerte sie landeinwärts, bis wir nicht mehr weit von meiner Wohnung waren. Nun drehte ich der ersten Ente den Hals um, dann der zweiten, schließlich einer nach der anderen, und so sank ich sanft und langsam auf mein Haus herunter, mitten durch den Schornstein und haargenau auf den Küchenherd, wo die Enten ja hinsollten. Mein Koch staunte nicht schlecht! Zu

meinem Glück brannte auf dem Herd noch kein Feuer. Sonst hätte es womöglich Münchhausenbraten gegeben statt Entenbrust mit Preiselbeeren!

Ein anderes Mal, aber im gleichen Jagdrevier, stieß ich ganz unerwartet auf einen kapitalen Hirsch, und ausgerechnet an jenem Morgen hatte ich gerade die letzte Flintenkugel verschossen! Das stattliche Tier schien das zu ahnen und blickte mir, statt auszureißen, beinahe ein bisschen unverschämt ins Gesicht. Weil mich das ärgerte, lud ich meine Büchse mit Pulver, streute eine Handvoll Kirschkerne drauf, die ich in der Rocktasche gehabt hatte, zielte zwischen das Geweih des Hirsches und schoss. Er taumelte, als sei er betäubt, trabte dann aber auf und davon.

Ein oder zwei Jahre danach jagte ich wieder einmal im gleichen Revier, und plötzlich tauchte vor mir ein prächtiger Hirsch auf mit einem veritablen Kirschbaum zwischen dem Geweih! ›Warte!‹, dachte ich, ›diesmal entkommst du mir nicht!‹ Ich streckte ihn mit einem Blattschuss nieder. Und da sein Kirschbaum voller Kirschen hing, gab es am nächsten Sonntag Hirschrücken mit Kirschtunke. Ich kann euch sagen, es war ein delikates Essen!

Eines Tages fiel mich ein fürchterlicher Wolf an, und zwar so überraschend, dass ich nicht zum Schießen kam. Mir blieb in der Eile nichts anderes übrig, als ihm die Faust in den offenen Rachen zu stoßen. Ich stieß immer weiter zu, denn was hätte ich sonst tun sollen? Schließlich hatte ich meinen Arm bis zur Schulter in dem schrecklichen Biest drin. Stirn an Stirn mit einem Wolf, dessen Maul schäumte und dessen flammende Augen vor Mordlust blitzten – nein, sehr wohl war mir nicht! Ganz und gar nicht! Weil ich keinen anderen Ausweg sah, packte ich den Wolf endlich fest bei den Eingeweiden, krempelte sein Inneres nach außen, als wäre er ein Handschuh, warf ihn beiseite, ließ ihn im Walde liegen und ging erleichtert meiner Wege.

Mit dem tollen Hunde, der mich tags darauf in einem Petersburger Gässchen anfiel, hätte ich das nicht probieren mögen. ›Lauf, was du kannst!‹, dachte ich und rannte, was das Zeug hielt. Währenddem zog ich den Überrock aus und warf ihn auf die Straße. Der Hund fiel über den Rock her, und ich rettete mich in ein Haus. Später ließ ich dann den Rock durch meinen Bedienten holen und, nachdem er ihn geputzt und ausgebessert hatte, in den Kleiderschrank hängen. Am Nachmittag stürzte der Diener entsetzt in mein Zimmer und rief: »Herr Baron! Der Rock ist toll!« Ich lief mit ihm zum Kleiderschrank. Die meisten Röcke, Hosen und Westen hatte der tollwütige Rock schon zerrissen und zerfetzt. Ich ließ mir eine Pistole bringen

und konnte ihn gerade noch, als er über meine kostbare Galauniform herfallen wollte, totschießen.

Das ist übrigens der einzige in der Medizin bekannt gewordene Fall, dass die Hundetollwut auch Kleider ansteckt.

Einmal jagte ich einen Hasen zwei Tage lang. Mein Hund brachte ihn immer wieder heran, aber ich konnte und konnte nicht zum Schuss kommen. Es grenzte an Hexerei, und obwohl ich nicht an derlei glaube, wusste ich keine andre Erklärung. Endlich traf ich den Hasen. Der Hund apportierte ihn, und was, glaubt ihr, sah ich? Das Tier hatte nicht nur die üblichen vier Läufe, sondern auch noch zwei Vorder- und zwei Hinterläufe auf dem Rücken! Waren die zwei unteren Paare müde, warf er sich wie ein Schwimmer herum und rannte auf dem Rücken weiter. Na, nun war er allerdings tot, und dass er acht Läufe statt ihrer vier hatte, war nur noch für meine Gäste und mich wichtig, die ihn aufaßen. Es war eine Portion mehr.

Dass ich ihn überhaupt hatte schießen können, war im Grunde nicht mein Verdienst, sondern das meines damaligen Hundes. Es war ein Windhund, und er übertraf an Schnelligkeit und Ausdauer alle Hunde, die ich je besessen habe. Er lief so oft, so schnell und so lange, dass er sich mit der Zeit die Beine bis unterm Bauche weglief! Während seiner letzten Lebensjahre konnte ich ihn deshalb nur noch als Dackel gebrauchen. Aber auch als Dachshund war er erstklassig. Und ich werde sein Andenken stets in Ehren halten.

DER HALBIERTE LITAUER

Dass ihr den Grafen Przobofsky in Litauen nicht gekannt habt, ist nicht weiter bedauerlich. Aber seinen prachtvollen Landsitz und vor allem sein berühmtes Gestüt zu kennen hätte sich schon verlohnt. Seine Zuchtpferde, man nannte sie kurzweg die ›Litauer‹, wurden mit Gold aufgewogen.

Als ich eines schönen Tages bei dem Grafen zum Tee war, ging er mit ein paar Herren in den Hof, um ihnen eines seiner jungen Pferde zu zeigen. Ich blieb im Staatszimmer bei den Damen, um sie mit meinen Geschichten zu unterhalten. Plötzlich hörten wir entsetzte Schreie. Ich eilte treppab in den Hof, wo das Pferd so wild um sich schlug, dass sich ihm niemand zu nähern, geschweige es zu besteigen wagte. Das war mir gerade recht. Mit einem Sprung saß ich auch schon auf seinem Rücken, und in kurzer Zeit parierte es wie ein Lämmchen. Man muss eben reiten können!

Nach einigen Volten zwang ich den Gaul, durch eines der offenen Fenster ins Staatszimmer zu springen und von dort aus sogar auf den Teetisch, auf dem ich die Levade und andere Kapriolen der Hohen Schule zeigte. Mein Pferdchen machte das alles so geschickt, dass die Damen entzückt waren. Nicht ein einziger Teller ging entzwei. Der Graf war so begeistert, dass er mich bat, den Litauer zum Geschenk anzunehmen. Für den Türkenfeldzug, der unter Feldmarschall Münnich bevorstand.

Als wir die Türken, zwei Monate später, in die Festung Otschakow hineintrieben, befand ich mich bei der Vorhut und geriet durch die Schnelligkeit meines Litauers in des Teufels Küche. Ich war mit Abstand der Erste hinterm Feind, und als ich sah, dass er die Festung nicht halten wollte, sondern stracks weiterfloh, hielt ich auf dem Marktplatz an und blickte mich um. Aber weder der Trompeter noch meine anderen Husaren waren zu sehen. So ritt ich den Litauer zum Marktbrunnen und ließ ihn trinken. Er soff ganz unmäßig, als wäre sein Durst überhaupt nicht zu löschen. Schließlich wollte ich ihm einen beruhigenden Klaps auf die Kruppe geben und schlug ins Leere! Als ich mich verwundert umdrehte, blieb mir der Mund offen stehen! Was meint ihr wohl, was ich sah? Nichts! Das Hinterteil des armen Tieres, das Kreuz und die Flanken, alles war fort und wie abgeschnitten. Und das Wasser, das der Gaul soff und soff, floss hinten einfach wieder heraus!

Während ich noch grübelte, wie das zugegangen sein mochte, kam mein Reitknecht angaloppiert und berichtete mir atemlos Folgendes: Als ich hinter dem fliehenden Feinde durch das Festungstor ritt, hatte man gerade das Schutzgitter fallen lassen, und dadurch war das Hinterteil des Pferdes glatt abgeschlagen worden! Es war dann auf eine nahe gelegene Weide getrabt, wo schon andere Pferde grasten. Dort, meinte der Husar, würden wir's wahrscheinlich wiederfinden.

Wie der Wind jagten wir zu der Weide zurück und fanden dort tatsächlich die hintere Hälfte des Litauers, die munter im Gras

Trier

umhersprang! Da war die Freude groß. Ich ließ auf der Stelle den Regimentshufschmied kommen. Ohne großes Federlesen heftete dieser die beiden Teile mit jungen Lorbeersprossen zusammen, die er zufällig bei der Hand hatte. Die Wunde heilte in ein paar Tagen. Und dann geschah etwas, was einem so ruhmvollen Pferde gut zu Gesicht stand. Die Sprossen wuchsen mit der Zeit und wölbten sich zu einer Art Lorbeerlaube über dem Rücken. Seitdem ritt ich im Schatten eines immergrünen Schmucks durch die Lande, und wir wurden überall gebührend bestaunt.

Übrigens, vor der Festung Otschakow hatte ich mit meinem Husarensäbel so heftig und so lange auf die Türken eingehauen, dass mein Arm, als sie längst über alle Berge waren, ununterbrochen weiterfocht. Um mich nun nicht selber zu schlagen oder Leute, die mir zu nahe kamen, für nichts und wieder nichts zu prügeln, musste ich den Arm acht Tage ganz fest in einer Binde tragen. Dann war er in Ordnung, und ich habe seitdem nichts mehr davon gemerkt.

DER RITT AUF DER KANONENKUGEL UND ANDERE ABENTEUER

Im gleichen Feldzug belagerten wir eine Stadt – ich habe vor lauter Belagerungen vergessen, welche Stadt es war –, und Marschall Münnich hätte gerne gewusst, wie es in der Festung stünde. Aber es war unmöglich, durch all die Vorposten, Gräben und spanischen Reiter hineinzugelangen.

Vor lauter Mut und Diensteifer, und eigentlich etwas voreilig, stellte ich mich neben eine unserer größten Kanonen, die in die Stadt hineinschossen, und als sie wieder abgefeuert wurde, sprang ich im Hui auf die aus dem Rohr herauszischende Kugel! Ich wollte mitsamt der Kugel in die Festung hineinfliegen! Während des sausenden Flugs wuchsen allerdings meine Bedenken. ›Hinein kommst du leicht‹, dachte ich, ›aber wie kommst du wieder heraus? Man wird dich in deiner Uniform als Feind erkennen und an den nächsten Galgen hängen!‹

Diese Überlegungen machten mir sehr zu schaffen. Und als eine türkische Kanonenkugel, die auf unser Feldlager gemünzt war, an mir vorüberflog, schwang ich mich auf sie hinüber und kam, wenn auch unverrichteter Sache, so doch gesund und munter wieder bei meinen Husaren an.

Trier

Im Springen über Zäune, Mauern und Gräben war mein Pferd nicht zu schlagen. Hindernisse gab es für uns nicht. Wir ritten immer den geradesten Weg. Als ich einmal einen Hasen verfolgte, der quer über die Heerstraße lief, fuhr zwischen ihm und mir dummerweise eine Kutsche mit zwei schönen Damen vorüber. Da die Kutschenfenster heruntergelassen waren und ich den Hasen nicht aufgeben wollte, sprang ich samt dem Gaul kurz entschlossen durch die Kutsche hindurch! Das ging so schnell, dass ich mit knapper Mühe und Not die Zeit fand, den Hut zu ziehen und die Damen um Entschuldigung zu bitten.

Ein anderes Mal wollte ich mit meinem Litauer über einen Sumpf springen. Bevor ich sprang, fand ich ihn lange nicht so breit wie während des Sprungs. Nun, wir wendeten mitten in der Luft um und landeten mit heiler Haut auf dem Trocknen. Aber auch beim zweiten Anlauf sprangen wir zu kurz und sanken nicht weit vom andern Ufer bis an den Hals in den Morast! Und wir wären rettungslos umgekommen, wenn ich mich nicht, ohne mich lange zu besinnen, mit der eignen Hand am eignen Haarzopf aus dem Sumpf herausgezogen hätte! Und nicht nur mich, sondern auch mein Pferd! Es ist manchmal ganz nützlich, kräftige Muskeln zu besitzen.

Trotz meiner Tapferkeit und Klugheit und trotz meines Litauers Schnelligkeit und Ausdauer geriet ich, nach einem Kampf mit einer vielfachen Übermacht, in Kriegsgefangenschaft. Und was noch schlimmer ist: Ich wurde als Sklave verkauft! Das war ein rechtes Unglück, und wenn meine Arbeit auch nicht gerade als Schwerarbeit zu bezeichnen war, so war sie nicht nur recht seltsam, sondern auch ein bisschen lächerlich oder ärgerlich, wie man will. Ich musste nämlich die Bienen des türkischen Sultans jeden Morgen auf die Weide treiben! Dort musste ich sie, als wären's Ziegen oder Schafe, den ganzen Tag über hüten. Und am Abend musste ich sie wieder in ihre Bienenstöcke zurückscheuchen.

Eines Abends sah ich nun, dass zwei Bären eine der Bienen angefallen hatten und sie, ihres eingesammelten Honigs wegen, zerreißen wollten. Da ich nichts in der Hand hatte als meine silberne Axt, die das Kennzeichen für die Sultansgärtner ist, so warf ich die Axt mit aller Wucht nach den beiden Räubern. Doch sie traf die Bären nicht, sondern flog an ihnen vorbei, stieg infolge des gewaltigen Schwungs höher und höher und fiel erst, wo glaubt ihr, nieder? Auf dem Mond!

Was tun? Wie sollte ich sie wiederkriegen? Wo gab es so lange Leitern? Zum Glück fiel mir ein, dass die türkischen Bohnen in kürzester Frist erstaunlich emporwachsen. Ich pflanzte sofort eine solche Bohne, und sie wuchs doch tatsächlich bis zum Monde hinauf und rankte sich um die eine Spitze der Mondsichel! Nun war es eine Kleinigkeit, hinaufzuklettern, und eine halbe Stunde später fand ich auch meine Axt wieder, die auf einem Haufen Spreu und Häcksel lag.

Ich war heilfroh und wollte schleunigst in die Türkei zurückklettern, aber ach!, die Sonnenhitze hatte meine Kletterbohne völlig ausgetrocknet, und sie war zu nichts mehr zu gebrauchen! Ohne langes Federlesen flocht ich mir aus dem Mondhäcksel einen Strick, den ich an einem der Mondhörner festband. Dann ließ ich mich vorsichtig hinunter. Nach einiger Zeit hieb ich mit meiner silbernen Axt das überflüssig gewordene Stück über mir ab und knüpfte es unter mir wieder an. Das ging eine ganze Weile gut, aber mit einem Male, als ich noch in den Wolken hing, riss der Strick! Und ich stürzte mit solcher Gewalt auf Gottes Erdboden, dass ich etwa zehn Meter tief in die Erde hineinfiel! Mir taten alle Knochen weh. Doch nachdem ich mich etwas erholt hatte, grub ich mir mit den Fingernägeln, die ich glücklicherweise zehn Jahre nicht geschnitten hatte, eine Treppe ins Erdreich, stieg auf dieser hoch und kehrte zu meinen Bienen zurück.

Trier

Das nächste Mal fing ich's mit den Bären gescheiter an. Ich bestrich die Deichsel eines Erntewagens mit Bienenhonig und legte mich nicht weit davon in den Hinterhalt. Was ich erwartet hatte, trat ein. Vom Duft des Honigs angelockt, erschien bald darauf ein riesiger Bär und begann an der Deichselspitze so gierig zu lecken, dass er sich nach und nach die ganze Deichselstange durch den Rachen, den Magen und den Bauch hindurch und am Hinterteil wieder herausleckte. Er stak wie am Spieße. Nun lief ich rasch hinzu, steckte durch das vordere Deichselende einen Pflock und ließ Meister Petz bis zum nächsten Morgen zappeln. Der Sultan, der zufällig vorbeispazierte, wollte sich fast totlachen.

Kurz darauf schlossen die Russen und die Türken Frieden, und ich wurde als einer der ersten Gefangenen ausgeliefert und nach Petersburg zurückgeschickt. Dort nahm ich meinen Abschied und kehrte nach Deutschland zurück. Es war ein so strenger Winter, dass sogar die Sonne Frostbeulen bekam, und ich fror noch viel mehr als auf der Hinreise.

Da mein Litauer von den Türken beschlagnahmt worden war, musste ich mit der Schlittenpost reisen. In einem Hohlweg, der kein Ende nehmen wollte, bat ich den Postillion, mit seinem Horn ein Signal zu blasen, damit wir nicht etwa mit einem uns entgegenkommenden Fuhrwerk zusammenstießen. Er setzte das Posthorn an die Lippen und blies aus Leibeskräften hinein. Aber sosehr er sich anstrengte, es kam kein Ton heraus! Trotz-

Trier

dem erreichten wir die nächste Poststation gesund und munter und beschlossen, Rast zu machen und uns von den Strapazen zu erholen. Der Postillion hängte sein Horn an einen Nagel beim Küchenfeuer. Und wir setzten uns zum Essen.

Auf einmal erklang's »Tereng, tereng, tereng, teng-teng«! Wir sperrten die Ohren auf und machten große Augen. Dann merkten wir, warum der Postillion nicht hatte blasen können. Die Töne waren in dem Horn festgefroren! Nun tauten sie nach und nach auf, und es wurde ein richtiges Tafelkonzert daraus. Wir hörten unter anderem ›Ohne Lieb und ohne Wein‹, ›Gestern Abend war Vetter Michel da‹ und sogar das schöne Abendlied ›Nun ruhen alle Wälder‹.

So endete der Spaß mit dem Posthorn, und damit endet zugleich meine russische Reisegeschichte. Sollten womöglich einige Leser glauben, ich hätte bis hierher dann und wann gelogen, so rate ich ihnen in ihrem eigensten Interesse, das Buch zuzuschlagen. Denn auf der nächsten Seite bereits folgen Abenteuer, die noch wunderbarer als die bisherigen, aber ebenso wahr sind.

DIE WETTE MIT DEM SULTAN

Nach Jahren kam ich wieder in die Türkei. Diesmal aber nicht als Kriegsgefangener, sondern als Mann von Rang und Namen. Einige Botschafter stellten mich dem Sultan vor, der mich beiseitenahm und bat, einen ebenso wichtigen wie geheimen Auftrag für ihn in Kairo zu erledigen. Ich sagte zu und reiste kurz danach mit Pomp und Gefolge ab.

Kaum hatten wir Konstantinopel verlassen, sah ich einen kleinen, dünnen Mann rasch wie ein Wiesel querfeldein rennen, und als er näher kam, entdeckte ich zu meinem Befremden, dass er an jedem Bein ein Bleigewicht von gut fünfzig Pfund trug. »Wohin so schnell?«, rief ich. »Und was sollen die Gewichte?«

»Ach«, meinte er, »ich bin vor einer halben Stunde in Wien weggelaufen und will mir in Konstantinopel eine neue Stellung suchen. Die Bleigewichte trag ich nur, damit ich nicht zu schnell renne. Ich hab ja heute keine Eile.«

Der Mann gefiel mir. Ich fragte, ob er mit mir reisen wolle. Und da wir rasch handelseinig wurden, zog er mit uns weiter. Durch manche Stadt und durch manches Land.

Eines Tages sah ich, nicht weit vom Weg, einen Mann in einer Wiese liegen. Er presste sein Ohr auf den Boden, als wolle er

die Maulwürfe bei ihrer Unterhaltung belauschen. Als ich ihn fragte, was er da treibe, gab er zur Antwort: »Ich höre das Gras wachsen.«

»Das kannst du?«, fragte ich.

»Eine Kleinigkeit für mich«, meinte er achselzuckend.

Ich engagierte ihn auf der Stelle. Leute, die das Gras wachsen hören, kann man immer einmal brauchen.

An diesem Tage hatte ich überhaupt Glück. Auf einem Hügel gewahrte ich einen Jäger, der das Gewehr angelegt hatte und damit Löcher in die Luft schoss. »Was soll das?«, fragte ich. »Wonach zielst und schießt du?«

»Ach«, sagte er, »ich probiere nur das neue Kuchenreuter'sche Gewehrmodell aus. Auf der Turmspitze des Straßburger Münsters saß eben noch ein kleiner Sperling. Den hab ich heruntergeschossen.«

Dass ich den Jäger mitnahm, versteht sich von selbst.

Wir zogen weiter und weiter, und eines Tages kamen wir am

Libanongebirge vorüber. Dort stand, vor einem Zedernwald, ein untersetzter, kräftiger Bursche und zerrte an einem Strick, den er um den ganzen Wald geschlungen hatte. »Was soll das?«, fragte ich erstaunt. »Ach«, sagte er, »ich soll Holz holen und habe die Axt zu Hause liegen lassen!« Mit diesen Worten riss er auch schon den Wald, mindestens einen Hektar im Umfang, nieder. Was tat ich? Natürlich nahm ich ihn mit. Er verlangte eine ziemlich hohe Schwerarbeiterzulage, aber ich hätte ihn nicht auf dem Libanon gelassen, auch wenn es mich mein ganzes Botschaftergeld gekostet hätte.

Als ich endlich in Ägypten eintraf, erhob sich mit einem Male ein solcher Sturm, dass wir samt Pferden und Wagen umgeworfen und fast in die Luft gehoben wurden! In der Nähe standen sieben Windmühlen, deren Flügel sich wie verrückt um ihre

Achsen drehten. Nicht weit davon lehnte ein dicker Kerl, der sich mit dem Zeigefinger das rechte Nasenloch zuhielt. Als er uns in dem Sturm zappeln und krabbeln sah, nahm er den Finger von der Nase und zog höflich den Hut. Mit einem Schlag regte sich kein Lüftchen mehr, und alle sieben Windmühlen standen still.

»Bist du des Teufels?«, rief ich ärgerlich.

»Entschuldigen Sie vielmals, Exzellenz«, sagte er, »ich mach nur für den Windmüller ein bisschen Wind. Wenn ich mir nicht das rechte Nasenloch zugehalten hätte, stünden die Windmühlen gar nicht mehr auf ihrem alten Platz.« Ich engagierte ihn auf der Stelle.

Wir zogen weiter nach Kairo. Als ich mich dort meines geheimen Auftrags entledigt hatte, entließ ich das gesamte Gefolge und behielt nur den Schnellläufer, den Horcher, den Jäger, den starken Burschen vom Libanon und den Windmacher in meinen Diensten.

Beim Sultan stand ich nach der ägyptischen Reise in noch viel höherer Gunst als vorher. Jeden Mittag und Abend aßen wir zusammen, und ich muss sagen, dass seine Küche besser war als die aller übrigen Herrscher, mit denen ich gespeist habe. Aber mit den Getränken sah es bitter aus, oje! Denn die Mohammedaner dürfen bekanntlich keinen Wein trinken. Das bereitete mir keinen geringen Kummer. Und, wie mir schien, dem Sultan selber auch.

Eines Tages gab er mir nach dem Essen einen verstohlenen Wink, ihm in ein kleines Kabinett zu folgen. Nachdem er die Tür abgeriegelt hatte, holte er aus einem Schränkchen eine Flasche hervor und sagte: »Das ist meine letzte Flasche ungarischen Tokajers. Die Christen verstehen etwas vom Trinken, und Sie, Münchhausen, erst recht. Nun, so etwas Delikates haben Sie in Ihrem ganzen Leben noch nicht getrunken!«

Er schenkte uns beiden ein, wir tranken, und er meinte: »Was halten Sie davon?«

»Ein gutes Weinchen«, antwortete ich, »trotzdem steht fest, dass ich in Wien bei Kaiser Karl dem Sechsten ein noch viel besseres getrunken habe. Das sollten Majestät einmal versuchen!«

»Ihr Wort in Ehren, Baron. Aber einen besseren Tokajer gibt es nicht! Ich bekam ihn seinerzeit von einem ungarischen Grafen geschenkt, und er schwor mir, es sei der beste weit und breit!«

»Was gilt die Wette?«, rief ich. »Ich schaffe in einer Stunde eine Flasche aus den kaiserlichen Kellereien in Wien herbei, und dann sollen Sie Augen machen!«

»Münchhausen, Sie faseln!«

»Ich fasle nicht, Majestät! In sechzig Minuten wird eine Flasche aus dem kaiserlichen Keller in Wien hier vor uns auf dem Tische stehen, und gegen diesen Wein ist der Ihre der reinste Krätzer!«

Der Sultan drohte mir mit dem Finger. »Sie wollen mich zum Besten haben, Münchhausen! Das verbitte ich mir! Ich weiß, dass Sie es mit der Wahrheit sehr genau zu nehmen pflegen. Doch jetzt schwindeln Sie, Baron!«

»Machen wir die Probe!«, sagte ich. »Wenn ich mein Wort nicht halte, dürfen mir Kaiserliche Hoheit den Kopf abschlagen lassen! Und mein Kopf ist ja schließlich kein Pappenstiel! Was setzen Sie dagegen?«

»Ich nehme Sie beim Wort«, erwiderte der Sultan. »Foppen lasse ich mich auch von meinen Freunden nicht gern. Steht die Flasche Schlag vier nicht auf diesem Tisch, kostet es Sie den Kopf. Wenn aber Sie die Wette gewinnen, dürfen Sie aus meiner Schatzkammer so viel Gold, Silber, Perlen und Edelsteine nehmen, wie der stärkste Mann nur zu schleppen vermag!«

»Topp!«, rief ich. »Das lässt sich hören!« Dann bat ich um Tinte und Feder und schrieb an die Kaiserin Maria Theresia folgenden Brief: »Ihre Majestät haben als Universalerbin Ihres höchstseligen Herrn Vaters gewiss auch dessen Weinkeller geerbt. Dürfte ich darum bitten, meinem Boten eine Flasche Tokajer mitzugeben? Doch, bitte, nur von dem allerbesten! Denn es handelt sich um eine Wette, bei der ich nicht den Kopf verlieren möchte. Im Voraus herzlichen Dank! Ihr sehr ergebener Münchhausen.«

Das Briefchen gab ich meinem Schnellläufer. Er schnallte seine Bleigewichte ab und machte sich augenblicklich auf die Beine. Es war fünf Minuten nach drei. Der Sultan und ich tranken dann den Rest seiner Flasche aus und schauten gelegentlich nach der Wanduhr hinüber. Es wurde viertel vier. Es wurde halb vier. Als es drei viertel vier schlug, ohne dass sich mein Läufer blicken ließ, wurde mir allmählich schwül zumute. Der Sultan blickte bereits verstohlen auf die Glockenschnur. In kurzer Zeit würde er nach dem Henker läuten.

Ich bat um die Erlaubnis, in den Garten gehen zu dürfen. Der Sultan nickte, gab aber ein paar Hofbeamten den Auftrag, mir auf den Fersen zu bleiben. Drei Uhr und fünfzig Minuten wurde ich so nervös, dass ich nach meinem Horcher und dem Jäger schickte. Der Horcher warf sich platt auf die Erde und erklärte kurz darauf, dass der Läufer, weit weg von hier, im tiefsten Schlaf läge und aus Leibeskräften schnarche! Der Schütze rannte auf eine hochgelegene Terrasse, sah durchs Gewehrvisier und rief außer sich: »Wahrhaftig, da liegt er! Unter einer Eiche bei Belgrad! Und die Flasche mit Tokajer liegt neben ihm! Warte, mein Lieber!« Dann zielte er und schoss in die Luft. Was geschah? Die Kugel traf die Eiche, unter welcher der Bursche schnarchte. Blätter, Zweige und Eicheln prasselten ihm aufs Gesicht. Er sprang auf, nahm die Flasche, raste los und langte fünf Minuten vor vier vor des Sultans Kabinett an! Mir fiel ein Stein vom Herzen.

Der Sultan probierte sofort den Tokajer. Dann meinte er: »Ich hab die Wette verloren, Münchhausen.« Nachdem er die Flasche in seinem Schränkchen fest verschlossen hatte, klingelte er dem Schatzmeister und sagte: »Mein Freund Münchhausen darf so viel aus der Schatzkammer mitnehmen, wie der stärkste Mann forttragen kann!« Der Schatzmeister verneigte sich mit der Nase bis zur Erde. Mir aber schüttelte der Sultan die Hand. Dann entließ er uns beide.

Jetzt galt es, keine Zeit zu verlieren. Ich rief meinen starken Mann und eilte mit ihm in die Schatzkammer. Er schnürte mit langen Stricken ein riesiges Bündel zusammen. Was er nicht unterbrachte, war kaum der Rede wert. Daraufhin rannten wir zum Hafen, mieteten das größte Segelschiff, das zu haben war, wanden den Anker hoch und suchten das Weite. Das war dringend nötig. Denn als der Sultan hörte, was für einen Streich ich ihm gespielt hatte, befahl er dem Großadmiral, mit der ganzen Flotte auszulaufen und mich und das Schiff einzufangen!

Wir waren kaum zwei Meilen von der Küste entfernt, als ich

die türkische Kriegsflotte mit vollen Segeln näher kommen sah. Und ich muss gestehen, dass mein Kopf von Neuem zu wackeln anfing. Da sagte mein Windmacher: »Keine Bange, Exzellenz!« Er trat auf das Hinterdeck und hielt den Kopf so, dass das rechte Nasenloch auf die türkische Flotte und das linke auf unsere Segel gerichtet war. Und dann blies er so viel Wind und Sturm durch die Nase, dass die Flotte mit zerbrochenen Masten und zerfetzten Segeln in den Hafen zurückgejagt wurde und dass unser Schiff wie auf Flügeln dahinschoss und bereits drei Stunden später in Italien eintraf.

DIE ZWEITE MONDREISE

Erinnert ihr euch noch, wie ich auf den Mond klettern musste, um meine silberne Axt wiederzuholen? Nun, später geriet ich ein zweites Mal auf den Mond, freilich auf viel angenehmere Art und Weise. Ein entfernter Verwandter von mir, ein sehr wohlhabender Mann, plante eine Expedition. Es müsse, sagte er, ein Land geben, dessen Einwohner solche Riesen seien wie die im Königreich Brobdingnag, von dem Gulliver berichtet hat. Er wolle dieses Land finden und ich solle ihn begleiten. Ich hielt zwar das Ganze für ein Märchen, aber er hatte mich, wie ich wusste, als Erben eingesetzt, und so war ich ihm schon eine kleine Gefälligkeit schuldig. Wir fuhren also los und kamen bis in die Südsee, ohne dass uns etwas Nennenswertes begegnet wäre, wenn man von ein paar fliegenden Männern und Frauen absieht, die in der Luft Menuett tanzten. Erst am achtzehnten Tag, nachdem wir die Insel Otaheiti passiert hatten, begannen die Abenteuer, und zwar mit einem unheimlichen Orkan, der unser Schiff, etwa tausend Meilen hoch, in die Luft hob. Dort oben über den Wolken segelten wir dann sechs Wochen und einen Tag, bei stetiger Brise, dahin, bis wir ein großes Land entdeckten. Es war rund und glänzend und

glich einer schimmernden Insel. Wir gingen in einem bequemen Hafen vor Anker und an Land. Tief unter uns sahen wir, mit unseren Fernrohren, die Erdkugel mit ihren Seen, Flüssen, Bergen und Städten, winzig wie Spielzeug.

Die Insel, das merkten wir bald, war der Mond. Die Bewohner ritten auf dreiköpfigen Geiern durch die Luft, als seien es Pferde. Da gerade Krieg war, und zwar mit der Sonne, bot mir der Mondkönig eine Offiziersstelle an. Ich lehnte aber ab, als ich hörte, dass man statt Wurfspießen große weiße Rettiche nähme und Pilze als Schilde. So ein vegetarischer Krieg, sagte ich, sei nichts für mich.

Außer den Mondriesen traf ich auch Bewohner des Hundssterns. Sie reisen als rührige Kaufleute durchs ganze Weltall, sehen wie große Bullenbeißer aus und haben die Augen links und rechts unter der Nase. Da die Augen lidlos sind, decken die Leute beim Schlafengehen die Augen mit der Zunge zu. Die Hundssternbewohner messen im Durchschnitt zwanzig, die Mondmenschen sogar sechsunddreißig Fuß. Sie heißen aber nicht Mondmenschen, sondern ›kochende Geschöpfe‹, weil sie ihre Speisen, genau wie wir, auf dem Herd zubereiten. Das Essen kostet sie wenig Zeit. Sie öffnen einfach ihre linke Seite und schieben die Mahlzeit direkt in den Magen. Das geschieht außerdem nur einmal im Monat, also zwölfmal im Jahr. Auch sonst haben sie ein recht bequemes Leben. Die Tiere, aber auch die ›kochenden Geschöpfe‹ selber wachsen auf Bäumen in sechs Fuß langen, nussähnlichen Früchten, die man, wenn sie

reif sind, pflückt, einige Zeit lagert und schließlich in heißes Wasser wirft. Nach ein paar Stunden springen dann die fertigen Geschöpfe heraus. Jedes der Wesen ist schon vor der Geburt auf seinen künftigen Beruf vorbereitet, ob nun als Soldat, Professor, Pfarrer oder Bauer, und beginnt sofort nach der Geburt, den vorbestimmten Beruf auszuüben.

Sie haben an jeder Hand nur einen Finger, tragen den Kopf unter dem rechten Arm und lassen ihn, wenn sie auf Reisen oder zur Arbeit gehen, normalerweise zu Hause. Sie können's aber auch umgekehrt machen, den Kopf fortschicken und den Körper daheim lassen. Die Augen können sie in die Hand nehmen und dann damit genauso gut sehen, als hätten sie die Augen im Kopf. Wenn sie eins verlieren, macht das nichts. Man kann sich ein neues in Spezialgeschäften kaufen, in jeder Farbe und gar nicht teuer. Als ich auf dem Mond war, waren gerade gelbe Augen Mode.

Ehe ich es vergesse: Der Bauch dient den Mondleuten als Rucksack und Handtasche. Sie stecken alles, was sie mitnehmen, in ihn hinein wie in einen Schulranzen und können ihn nach Belieben auf- und zumachen. Und wenn sie alt geworden sind, so sterben sie nicht, sondern lösen sich in Luft auf und verfliegen wie Rauch überm Dach.

Ich muss zugeben, dass das alles recht seltsam klingen mag. Aber es hat trotzdem seine Richtigkeit, und wer auch nur im Geringsten daran zweifelt, braucht nur auf den Mond zu reisen und meine Angaben nachzuprüfen. Dann wird er mir abbitten und bestätigen, dass ich von der Wahrheit so wenig abgewichen bin wie kein anderer Mondreisender sonst. Faustdicke Lügen aufzutischen war mir mein Leben lang verhasst. Ich kann's nicht ändern.

So, und nun will ich ein Glas Punsch trinken. In meinem Zwölfliterglas. Prosit!

MIX
Papier | Fördert gute Waldnutzung
FSC® C002795

Neuausgabe
1. Auflage 2024

Erstveröffentlichung:
Till Eulenspiegel, Atrium-Verlag, Zürich, 1938
Der gestiefelte Kater, Atrium-Verlag, Zürich, 1950
Münchhausen, Atrium-Verlag, Zürich, 1951

Titelbild und Illustrationen von Walter Trier
Umschlag- und Innengestaltung: Herr K | Jan Kermes
Litho: Frische Grafik
Druck und Bindung: Livonia Print, Riga, Lettland
ISBN 978-3-85535-183-1

www.atrium-kinderbuch.com
www.instagram/atrium_kinderbuch_verlag